Emilio Fermi

Costantino, i cristiani e la politica

313 d.C. - 2013 d.C.

A quanti attendono la salvezza da Dio
piuttosto che da se stessi e dagli altri uomini

INDICE

Introduzione

Si celebra quest'anno il 17° centenario di un editto, l'editto di Milano del 313 d.C., che, secondo la più recente ricerca storica, non sembra proprio essere mai stato emanato…

Di certo si sa che, nel febbraio di quell'anno, gli imperatori Costantino e Licinio si incontrarono a Milano, in occasione del matrimonio del secondo con Costanza, sorella del primo e che in quell'incontro si accordarono su questioni religiose.

La successiva lettera circolare inviata al governatore della Bitinia e resa pubblica il 15 Giugno del 313 da Licinio in Nicomedia contiene le direttive che Lattanzio ritiene concordate dai due imperatori proprio nell'incontro di Milano.

In quel documento viene espressamente ed ufficialmente riconosciuta la libertà per i cristiani – fino ad allora fatti oggetti di successive e violente persecuzioni da parte del potere politico romano – di professare pubblicamente la loro fede e di celebrare i loro culti, e si delibera che vengano loro restituiti gli edifici di loro proprietà in cui erano soliti riunirsi e di cui, a vario titolo, erano stati espropriati.

A tal proposito, può essere utile riportare qui la

premessa a tali provvedimenti:

"Io, Costantino Augusto e anch'io, Licinio Augusto, essendoci incontrati felicemente a Milano per discutere insieme di tutto ciò che concerne la sicurezza e il bene pubblico, riteniamo che, tra le altre decisioni vantaggiose per la maggior parte degli uomini, occorre prima di tutto regolare quelle che riguardano il rispetto dovuto alla divinità e così concedere ai cristiani, come a tutti, la libertà di seguire ciascuno la religione che voglia, perché tutto ciò che è divino in cielo possa essere favorevole e propizio sia a noi sia a quanti sono soggetti al nostro potere"[trad. di Paolo Siniscalco, Il cammino di Cristo nell'Impero Romano, opera dalla quale abbiamo attinto le presenti notizie. Più avanti riportiamo, sempre dello stesso autore, un passo della traduzione dell'editto di Galerio (da pag. 161 della stessa opera)].

Fine, dunque, della persecuzione che durava da tre secoli e che aveva raggiunto punte di eccezionale asprezza al tempo dell'imperatore Diocleziano (dimessosi per abdicazione nel 305). Del resto, era stata proprio la palese inutilità, anzi l'effetto controproducente, dell'ultima grande persecuzione dioclezianea ad orientare già da qualche anno – si veda l'editto dell'imperatore Galerio del 311 – il potere imperiale ad un cambio di rotta, tenuto conto anche dell'atteggiamento non più ostile, ma benevolo, di importanti strati della società pagana verso i cristiani.

Dunque, "editto di Milano" o meno, l'anno 313 segna

una svolta epocale, ormai non del tutto inattesa, e l'imperatore Costantino, una volta liberatosi di tutti i suoi concorrenti e divenuto l'unico detentore del potere imperiale, si prese, per così dire, tutto il merito, agli occhi dei cristiani, della grande pacificazione religiosa cui avevano concorso in molti. Anche se non può essere sminuito il ruolo decisivo che egli ebbe nell'instaurazione del nuovo corso della politica imperiale.

Quella che si inaugurò con Costantino non fu in effetti una semplice politica di tolleranza nei confronti della Chiesa – il concetto illuministico di "tolleranza" era evidentemente di là da venire, tanto che ben presto l'intolleranza praticata fino ad allora contro i cristiani fu rivolta contro la religione pagana...-, ma una piena legittimazione della religione cristiana nell'ambito della compagine statale romana (la "civitas romana").
Ed era nell'ordine delle cose che questo, prima o poi avvenisse. Nell'editto di Galerio del 311 sopra ricordato si legge fra l'altro: " Tra tutte le disposizioni che non abbiamo cessato di prendere nell'interesse e per il vantaggio della *res publica*, noi avevamo voluto prima di ora tutto riordinare secondo le antiche leggi e la disciplina dei romani e curare che anche i cristiani, che avevano abbandonato la religione dei loro padri, tornassero a nutrire buone intenzioni; infatti, per certi loro motivi, erano stati presi da così grande ostinazione e follia da non seguir più quelle antiche istituzioni,

stabilite in origine dai loro stessi padri; al contrario essi si davano, secondo il proprio arbitrio e come loro piaceva, leggi da osservare e in diversi luoghi attiravano a sé grande varietà di popolo. E avendo noi pertanto pubblicato un editto per farli tornare alle istituzioni dei maggiori, molti vi sono stati costretti dal pericolo, molti altri si sono ritratti. Ma poiché la maggior parte di loro perseveravano nel loro proposito e noi ci rendevamo conto che essi non prestavano agli dei il culto e gli atti di pietà dovuti e neppure veneravano il loro dio per esserne impediti, alla luce della nostra infinita clemenza e della nostra prassi costante di concedere il perdono a tutti gli uomini abbiamo stabilito di estendere anche ai cristiani e al più presto la nostra indulgenza, così che essi possano di nuovo esistere e riedificare i loro luoghi di riunione, a questa condizione però che nulla compiano contro l'ordine pubblico…In cambio della nostra indulgenza, i cristiani dovranno pregare il loro dio per la salute nostra, della *res publica* e loro propria, perché la cosa pubblica possa ristabilirsi ovunque prospera ed essi possano vivere senza timore presso i loro focolari".

In questo testo, che registra i primi segni di un radicale cambiamento, sono chiaramente indicati sia i motivi della secolare politica persecutoria dello Stato romano nei confronti della comunità cristiana, avvertita come un corpo estraneo e ostile al costume e alla tradizione dei padri, sia la ragione per cui, ad un certo punto, il potere politico decide di cambiare rotta: visto che i cristiani non demordono e che appaiono inestirpabili, meglio ormai cercare di farseli amici, cosicché la loro religione – al pari di quella degli antenati –diventi non più un pericolo, ma un sostegno dello Stato e della sua unità politica.

L'importante, agli occhi del potere imperiale, era che si ristabilisse quel vincolo d'indissolubilità tra religione e vita pubblica che per l'antico mondo pagano era stato il fondamento primario della vita comune e che un po' ovunque, non solo a Roma, aveva portato all'incamerazione di divinità di origine straniera.

Quella dei cristiani, come già in misura meno incisiva quella degli Ebrei, si era purtroppo dimostrata agli occhi di molti romani, e in particolare delle autorità politiche, una divinità per nulla assimilabile.

Nell'editto di Galerio si coglie la speranza – accompagnata da una residua irritazione – che anche il cristianesimo possa finalmente diventare religione di Stato.

Con Costantino poi – e in modo più drastico con Teodosio – si prende progressivamente atto dell'inconciliabilità del vecchio paganesimo con la nuova religione proclamata legittima e ormai ci si orienta a riconoscere in essa il nuovo cemento della civitas.

Che Costantino fosse o meno intimamente convertito alla nuova religione, che agisse da fervente cristiano o per mantenere in piedi il vacillante impero romano (*religio instrumentum regni*), quello che importa notare è che, con la svolta costantiniana e l'impostazione del nuovo rapporto tra Chiesa e Impero, si perseguiva, con la pronta disponibilità dell'una e dell'altro, l'obiettivo di un nuovo incontro pacificatore tra la dimensione politica e la dimensione religiosa, in un'ottica di ritrovata unità della civitas. E questo si sarebbe ben presto dimostrato possibile alla sola condizione che, con le buone o con le cattive, la nuova religione, radicalmente alternativa al paganesimo, sostituisse l'antica.

L'entusiasmo dei cristiani e lo zelo riformatore del potere imperiale in loro favore generarono il nuovo ordine della Christianitas, ritenuto prefigurazione e preparazione del regno di Dio atteso alla fine dei tempi e tale visione delle cose, in una prospettiva al tempo stessa terrena ed escatologica, sopravvivrà alla caduta dell'impero romano, sia d'Occidente che, ben più tardi, d'Oriente.

La "soluzione costantiniana" prolungherà i suoi effetti fino all'epoca moderna e per certi versi non sembra ancora del tutto tramontata neppure ai nostri giorni, almeno nel modo in cui i cristiani – i cattolici in specie – continuano a guardare al potere politico.

Soluzione contenente, nelle varie forme in cui fu realizzata, elementi teocratici, essa è ancora ravvisabile, in senso lato, nell'assetto istituzionale di molti Paesi islamici, la cui tradizione politico-religiosa fu influenzata sia dal modello dell'antico Israele, sia dal prolungato contatto con l'impero bizantino.

Ma occorre subito dire che al problema di uno stretto rapporto – se pur a tratti conflittuale – tra la conduzione politica e l'orientamento religioso della comunità non ha potuto sottrarsi, nel corso dei secoli e dei millenni, nessuna delle aggregazioni politico-sociali, piccole o grandi, entro le quali gli uomini hanno vissuto la loro esperienza storica. Dalle città-stato sumeriche ai regni dell'Egitto dei Faraoni, dagli imperi succedutisi nel Vicino Oriente alla stessa esperienza, per certi aspetti più "laica", delle poleis greche, fino alla repubblica e all'impero romani, per non parlare dei percorsi storici propri delle formazioni politiche via via sorte nelle altre zone della terra, sempre si constata l'esistenza di una dialettica, di una tensione creativa tra dimensione politica e dimensione religiosa, e di conseguenza tra potere politico e potere religioso.

Una completa "emancipazione" del potere politico da istanze d'ordine (etico)-religioso e il confinamento di queste ultime nella sfera della coscienza privata individuale si potrà pensare – e forse attuare – solo col processo di radicale secolarizzazione avviato dall'Illuminismo europeo del secolo XVIII, processo che, paradossalmente, come cercheremo di evidenziare, fu a sua volta favorito proprio dalla rivoluzione religiosa del Cristianesimo. Al punto che, se la nostra tesi apparirà fondata, diventerà possibile chiedersi se non sia stata proprio la liberazione cristiana delle coscienze a minare lentamente anche la soluzione costantiniana – e tutte le soluzioni teocratiche - in vista dell'autentico Regno dei Cieli.

Capitolo primo

L'essenza della soluzione costantiniana.

La nuova impostazione del rapporto tra Impero e Chiesa inaugurata da Costantino nel 313 e poi perfezionata dai suoi successori, fino a proclamare – con l'editto di Tessalonica del 380, emanato dagli imperatori Teodosio e Graziano – la religione cristiana unica religione ammessa nell'impero (con la conseguente proibizione della religione pagana), diede dunque avvio alla cosiddetta "era costantiniana", che perdurò, nei suoi tratti fondamentali, circa un millennio, riconfermata dalla costituzione dell'impero carolingio e del successivo Sacro Romano Germanico Impero.

Questo per quanto concerne la porzione occidentale dell'antico impero romano; per la parte orientale, l'Impero romano d'Oriente, o Impero Bizantino, si può ben dire che l'era costantiniana si prolungò integralmente fino alla conquista turca di Costantinopoli nel 1453.

Ma il principio di fondo di un' inevitabile implicazione tra potere politico e potere religioso, sostenuto dalla sostanziale unità religiosa della società, incrinata, ma non venuta meno neppure dopo lo scisma del 1054 e dopo lo scoppio della Riforma, rimase attivo nelle formazioni politiche occidentali – Nuovo Mondo compreso – fin dentro il secolo XIX e, con ancor maggior evidenza, nell'impero russo, in larga misura erede dell'impero bizantino.

Un po' dovunque la società cristiana ebbe guide e regole di vita che si richiamavano espressamente alla "legge di Cristo". Questo connubio fra trono e altare, fra Stato e Chiesa, si realizzò fondamentalmente in due soluzioni in un certo senso speculari e antitetiche: quella, per così dire, del sacerdote-re e quella del re-sacerdote. La prima fu rappresentata dal frequente prevalere del papato sull'impero all'epoca delle lotte per le investiture in Occidente, o ancora da alcuni esperimenti politico-religiosi tentati da capi carismatici in epoca moderna, da Savonarola a Calvino. La seconda trovò attuazione nell'impero bizantino e poi nei suoi eredi, nonché, in forme più attutite, nelle monarchie "di diritto divino" dell'Europa occidentale moderna.

Quella del sacerdote-re e del re-sacerdote sono le due figure emblematiche che si disputarono per secoli, col prevalere dell'una o dell'altra, il supremo potere su un unico popolo, almeno ufficialmente cristiano.

In Occidente, in particolare, questa diarchia si rese drammaticamente evidente, come si diceva, nel lungo braccio di ferro tra il papa e l'imperatore, e poi ancora tra il papa e il re dei nuovi Stati nazionali; una tensione che anzi si acuì dopo la Riforma: basti ricordare il caso di Enrico VIII, che si autoproclamò capo supremo della Chiesa d'Inghilterra, sul modello degli autocrati bizantini e sulla falsariga, per quanto meno esplicita, dello stesso Costantino.

La soluzione del sacerdote re fu quella in base alla quale il primato effettivo nella guida del popolo cristiano fu esercitato da una figura sacerdotale – nel mondo cattolico dal papa -, che, per particolari contingenze storiche si trovò non di rado a supplire il potere politico e a provvedere, almeno in parte, in vaste aree, alle immediate necessità della vita pubblica.

La soluzione del re sacerdote fu invece quella secondo la quale il detentore del supremo potere politico, ritenuto per antichissima tradizione titolare di un'investitura divina, pur riconoscendo la funzione del sacerdote e del profeta come intermediari del volere divino, si attribuiva – o si vedeva riconosciuta – l'ultima decisione nel compito di reggere il popolo a lui sottomesso.

In entrambe le soluzioni, comunque, un unico popolo (o comunità di popoli), professante pubblicamente una sola fede religiosa, e dunque una sola visione del mondo, aveva due guide fondamentali, entrambe beneficiarie di un'investitura divina ("non c'è autorità/potere – exousìa – se non da Dio – Rm.13,1), delegate a pascere il gregge durante la sua transumanza terrena, in modo che conducesse una vita ordinata e secondo "giustizia". Ove il concetto di "giustizia" poteva essere inteso nella sua valenza eticogiuridica riguardante le relazioni inter-umane (dimensione che in seguito chiameremo "orizzontale"), oppure nel suo più ampio significato biblico di adeguamento alla volontà di Dio e al progetto di Dio sull'uomo (dimensione che in seguito chiameremo "verticale").

Al re o all'imperatore – e ai suoi collaboratori – sarebbe spettato più propriamente il compito di custodire la vita della comunità a lui soggetta, emanando e facendo applicare le norme per un corretto rapporto tra i sudditi, nonché regolando i rapporti di pace e di guerra con gli altri popoli; al sacerdote e al profeta, talora unificati nella stessa persona, il compito di richiamare incessantemente il senso e il fine ultimo della vita umana rivelati da Dio e, di conseguenza, le esigenze d'ordine morale e religioso scaturenti dalla chiamata divina.

E' di immediata evidenza che, nel concreto della vita quotidiana, le due dimensioni, quella orizzontale relativa ai rapporti inter-umani e quella verticale relativa al rapporto con Dio, venivano ad intrecciarsi e a sovrapporsi inevitabilmente.

Poteva il sacerdote, o il profeta, non denunciare le ingiustizie alla luce della giustizia divina? Poteva il re, o l'imperatore, normare la vita del popolo mediante la legge ed esercitare il potere coercitivo ad essa connesso, senza tenere in qualche conto i comandamenti divini? Di qui l'accordo o la tensione tra le due autorità, o il prevalere dell'una, che in parte almeno finiva per surrogare il potere dell'altra.

Chi non ricorda la polemica dantesca sulla prevaricazione colpevole dei due supremi poteri, il papato e l'impero?

Il cristiano di oggi guarda con un certo imbarazzo alla lunga esperienza "costantiniana", a quella Christianitas che per tanti secoli costituì l'assetto politico-religioso dell'Europa, dall'Atlantico agli Urali. Può farlo perché, non sempre consapevolmente, ha percorso una lunga strada: dalla contestazione delle prime generazioni cristiane nei confronti del legame indissolubile fra comunità politica e credenze religiose, alla ricostituzione di tale indissolubilità nello Stato cristiano, ad una società in cui, più in linea con quanto previsto dal Vangelo, quell'indissolubilità, pur sotto il segno cristiano, ha perso la sua giustificazione e la sua ragione di essere.

Ma occorre pur riconoscere che l'assetto costantiniano, come tutte le grandi esperienze storiche, pur con le sue ambiguità e i suoi conflitti insolubili, produsse una ricca sperimentazione, sia sul piano della vita religiosa che politica e ci ha lasciato in eredità un patrimonio di riflessioni, di analisi e di proposte assai istruttive per l'umanità intera in via di progressiva unificazione.

La Christianitas, con i suoi frequenti scontri tra principi e sacerdoti, o con la pur frequente risoluzione del problema mediante la concentrazione pratica dei due poteri in un'unica persona, principe o sacerdote, non mise mai in discussione – né l'avrebbe potuto senza dissolversi – che la fonte ultima dell'autorità e del potere fosse Dio.

Questa restava, dai tempi di Costantino – ma certamente anche da molto prima - , la premessa fondamentale a cui poi le due parti in conflitto si richiamavano per rivendicare in qualche modo le loro prerogative. Dio creatore, Dio legislatore, Dio salvatore. La sua volontà era stata resa accessibile all'uomo implicitamente attraverso l'ordine naturale (e l'intuizione di quest'ordine e di questa volontà da parte dell'uomo interiore) e, progressivamente, attraverso la Rivelazione: creazione e Parola, creazione e Logos, Verbo di Dio, fino alla Parola fattasi uomo nel Cristo.

Entro questo orizzonte nessun regnante – e tanto meno nessun sacerdote – avrebbe mai potuto attribuirsi un potere autonomo, indipendente e in contrasto esplicito con la volontà di Dio, senza esporsi immediatamente all'accusa di empietà e alla conseguente radicale delegittimazione.

Da Costantino a Carlo Magno, dagli imperatori bizantini a quelli germanici, ai re di Francia e di Spagna, allo stesso Enrico VIII d'Inghilterra, per rimanere nell'ambito dei principi, la variazione poteva andare da un ottimo principe cristiano (es. Luigi IX) a un principe ribelle al "vicario di Cristo" e perciò soggetto a scomunica; ma nessuno di quei principi si arrogò mai, prometeicamente, un potere di ultimissima istanza, quindi praticamente divino, come poi avvenne per molti capi carismatici dalla rivoluzione francese in poi, quando Dio fu relegato progressivamente in soffitta, a cominciare dai Paesi più dinamici dell'Europa occidentale.

La fonte universalmente riconosciuta di ogni autorità e di ogni potere era dunque Dio, il Dio della Bibbia, dell'Antico e del Nuovo Testamento. Autorità e potere partecipati a degli uomini, lungo il corso della storia, in due modalità differenti: una indiretta, mediata, implicita nella struttura stessa di ogni raggruppamento umano, che esige un ordine e una guida; l'altra diretta, per intervento esplicito di Dio nella formazione e nella vita del suo popolo (dalla vocazione di Abramo, di Mosè, di Davide, fino alla consegna delle chiavi del Regno agli apostoli, e in particolare a Pietro, da parte di Cristo. Del Cristo è anche il preannuncio ai Dodici che essi, "nella nuova creazione" saranno "giudici" delle dodici tribù d'Israele.

L'orizzonte di questa partecipazione di autorità e di potere agli uomini – e in particolare ad alcuni di essi – da parte di Dio è insieme storico e metastorico.: nella prospettiva biblica, cristiana in particolare, l'escaton, il Giorno eterno di Dio, non scompare mai dalla vista e non cessa mai di condizionare il cammino dell'uomo nel tempo e nella storia.

Sempre nella prospettiva della Rivelazione biblico-cristiana, Dio è Mistero assoluto senza inizio e senza fine, Signore del cosmo, dell'uomo, del tempo e della storia. Egli ingloba e trascende tutto questo: "In Lui infatti viviamo, ci muoviamo ed esistiamo" (At.17,28), e chiama l'uomo, sua creatura, fatta a sua immagine e somiglianza, ad entrare nella sua intimità, a diventare definitivamente suo figlio per l'eternità attraverso una libera scelta, un cammino (e una prova) nel tempo. Di questo cammino Dio si fa egli stesso la guida - "Io sono la via,(la verità e la vita)"(Gv.14,6) – e l'uomo porta in sé la facoltà e la libertà di riconoscerLo e di seguirLo.

Questa facoltà e questa libertà l'uomo la può riconoscere già nella sua intuizione morale, nella sua intuizione estetica, nel suo "cuore" e nella sua mente, in una parola nella specificità della sua sostanza spirituale, che è l'impronta del suo Creatore.

Spetta all'uomo la scelta tra l'essere radicalmente realista, riconoscendo ad un tempo l'infinità delle sue aspirazioni e i suoi limiti umanamente invalicabili, e dunque di disporsi docilmente al cammino verso una pienezza (pleroma) che solo Dio potrà realizzare, o, all'opposto, l'illusione seducente di poter permanere nella vita e di trovarne un senso compiuto prescindendo dal suo Creatore.

L'autorità e il potere che Dio partecipa agli uomini – e ad alcuni in particolare -, per vie diverse, è in funzione di aiutarli a trovare la strada che porta a Lui; se poi le guide si allontanano da Dio, lo rinnegano o addirittura a Lui si sostituiscono, come tende a fare ogni uomo…, anche l'esperienza di Babele potrà tornare utile per richiamare gli uomini da ogni illusione di onnipotenza.

Nella visione biblica delle cose – e quindi anche nell'ottica della Christianitas (per quanto si potrebbero riconoscere forti affinità d'impostazione anche presso i popoli pagani dell'antichità) –Dio è il pastore supremo; ma anche il principe, in senso lato chi detiene il potere politico, è "pastore" di popoli", come spesso venivano designati i sovrani antichi. Lo stesso vale per il sacerdote e il profeta, per quanto la loro funzione d'intermediari tra la divinità e il popolo, il loro ruolo di guida e di orientamento, sia meno dotato di un vero e proprio potere coercitivo. Se quest'ultimo si rafforza, il sacerdote tende ad usurpare la funzione del principe.

Una riflessione sull'esercizio del potere all'interno della Christianitas porta a riconoscere che, in fondo, la soluzione costantiniana che ne è il fondamento, se da un lato assegna alla Chiesa il compito di plasmare le coscienze che prima era stato della religione e della cultura pagane, operando in questo un radicale ribaltamento nei confronti del passato, del mos maiorum, dall'altro non è per nulla innovativo nella riaffermata interdipendenza del potere politico e del potere religioso. Questa interdipendenza vige presso tutti i popoli, a tutte le latitudini, almeno fino alle soglie del secolo XIX, quando comincerà a incrinarsi, per l'effetto combinato del razionalismo occidentale europeo e, paradossalmente, ancora più in profondità, per l'azione sotterranea, come vedremo, del lievito evangelico.

Fino a quando permane intatta la coscienza che la vita e la storia dell'uomo hanno una dimensione orizzontale e una verticale imprescindibili, fino a quando si riconosce, in modo esplicito o implicito, che la società umana, ancor prima del singolo, vive e si sviluppa per la sua intrinseca predisposizione a darsi delle regole e ad esprimere delle guide, ma anche, su un piano meno tangibile, ma altrettanto essenziale, sotto il controllo vigile della divinità, custode dell'ordine e della "giustizia", fino a quando, insomma, l'orizzonte vitale non si restringe completamente nell'ambito delle semplici relazioni inter-umane entro questo tempo e questo spazio, ma lascia aperta una qualche, se pur fragile, linea di comunicazione con il trascendente, l'esigenza di due autorità e di due poteri, di intermediari, a diverso titolo, tra l'uomo e il divino rimane insopprimibile e sempre perviene alla sua traduzione istituzionale.

Quando l'interdipendenza fra i due poteri entrerà in crisi irreversibile – e siamo all'oggi -, per i testimoni della dimensione verticale si porranno nuove sfide, impensabili in una situazione costantiniana. E apparirà probabilmente quanto fragile e antistorico, in ordine al fine ultimo – la definitiva comunione degli uomini con Dio – sia ogni tentativo, magari inconsapevole, di perpetuare la soluzione costantiniana.

Capitolo secondo

Immanenza e trascendenza nell'éthos e nel nòmos (costume e legge).

Nel capitolo precedente, ripensando alla "soluzione costantiniana", siamo pervenuti alla conclusione che essa non fa che riflettere un tratto fondamentale e costitutivo del comportamento umano lungo tutto il corso della storia, almeno fino alla soglia dei nostri giorni. Questo comportamento, rintracciabile in tutte le esperienze di vita associata, in tutte le formazioni politico-statuali, fa emergere la compresenza di due istanze, di due coordinate, o punti di riferimento ineludibili: da un lato la necessità di gestire il complesso intreccio delle relazioni inter-umane, dall'altro la necessità altrettanto imperativa di gestire le relazioni con un mondo sovrumano, il mondo del divino, cui si ritengono affidate, in ultima analisi, le sorti dei popoli e degli individui sulla terra.

Queste due istanze, che abbiamo chiamato approssimativamente "orizzontale" e "verticale", generano i due poteri di coordinamento e di orientamento, l'uno più coercitivo, l'altro più "pedagogico", afferenti rispettivamente alla sfera politica e a quella religiosa, il potere politico e il potere religioso.

Connessi alla natura stessa dell'uomo, al suo modo specifico di essere fatto, essi sono costantemente percepiti come aventi la loro comune origine e giustificazione in un ordine trascendente, meglio in una volontà divina che vuole l'uomo responsabilmente partecipe di quest'ordine e gli comunica, in vari modi, la sua volontà.

"Responsabilmente": ma proprio questa possibilità data all'uomo di "rispondere" con un sì o con un no alla via indicata dalla divinità, questa sua prerogativa di poter scegliere, introduce un elemento drammatico di tensione, di possibile fraintendimento tra l'uomo e la divinità, tra l'istanza orizzontale e l'istanza verticale, e di conseguenza tra i due poteri assegnati alla soddisfazione e alla tutela dell'una e dell'altra.

Tra i due poli si sviluppa così una dialettica di incontro-scontro che ha come posta in gioco nientemeno che la "felicità" dell'uomo in tutta la sua insondabile complessità.

Qual è quel potere politico che non si proponga la felicità, la pienezza di vita, il benessere –tutte espressioni sfuggenti riempite di contenuti variabili – del suo popolo? Non è tale obiettivo sancito solennemente addirittura all'inizio della Costituzione americana? E se la memoria non ci tradisce, fu ripreso altrettanto esplicitamente durante una recente campagna elettorale da un politico cattolico italiano…

E qual è il sacerdote o profeta che non additi la via verso lo stesso traguardo tanto agognato?

Il problema è che, perseguita in un'ottica prettamente orizzontale, con mezzi coerenti a tale dimensione, la felicità, come vedremo, si configura in un certo modo; considerata in un'ottica verticale, può cambiare non poco d'aspetto, oltre che di durata. Se la felicità può essere fatta coincidere col pieno appagamento dei propri bisogni/desideri e la mosca potesse essere felice, una congrua quantità di sterco, per esempio, potrebbe servire allo scopo.

Essa dipende, per così dire, dalla diversa Weltanschauung, dal modo differente, talora antitetico, in cui un popolo, o un singolo individuo, concepisce e gestisce la vita di cui si trova momentaneamente a disporre.

Il celeberrimo racconto/parabola di Genesi 3, che narra la tentazione e la "caduta" dell'uomo nel giardino dell'Eden, se ben tradotto, pone il dito sulla piaga. Promette il serpente, per sedurre Eva (Gen.3,4-5): "No, voi non morirete, ma Dio sa che il giorno in cui ne mangerete, i vostri occhi si apriranno e sarete come dei, <u>possedendo la conoscenza della felicità e dell'infelicità</u>".

Non dunque "la conoscenza del bene e del male", come solitamente si traduce l'espressione di Gen. 2,9; 2,17; 3,4-5; 3,22, conferendole un significato troppo morale e intellettuale, estraneo alla mentalità e al linguaggio biblico di quell'epoca, ma, ben più concretamente, il sapere che cosa cercare e cosa fare per essere veramente felici (sapere che si riteneva esclusivo degli dei).

A questo sapere, fra l'altro, sembra proprio strettamente connessa la possibilità di mantenersi eternamente in vita, come si deduce dall'amara considerazione di Dio in Gen.3,22: " Ecco, l'uomo è divenuto come uno di noi per la conoscenza della felicità e dell'infelicità. Ora non tenda la mano per prendere anche dell'albero della vita, mangiarne e vivere per sempre".

Felicità come vita in pienezza, senza diminuzioni e senza fine: ecco ciò che l'uomo vorrebbe.

Può la politica, anche intesa platonicamente nella sua accezione più alta, soddisfare questa richiesta, che è poi richiesta di "salvezza"("salus populi")?

Magari potrebbe aspirarvi, qualora rispettasse la dimensione verticale e si accordasse con essa?

E' quanto si è proposto di raggiungere la soluzione costantiniana, il sistema della Christianitas, anche se in modo consapevolmente incoativo, nella convinzione comunque di essere sulla strada giusta, e certamente in essa ha agito in modo determinante, come vedremo, l'esperienza di Israele narrata nell'Antico Testamento.

Oggi, nella crescente divaricazione tra dimensione politica e dimensione religiosa, almeno nell'ambito dei Paesi di antica fede cristiana, la felicità viene perseguita per due vie che, non più concordemente dirette, almeno formalmente, in modo parallelo, ad un unico traguardo finale (il Regno eterno di Dio), fanno sempre più apparire come illusorie anche le eventuali convergenze nelle tappe intermedie. Questa situazione sollecita, a nostro avviso, una riflessione aggiornata sulla natura, la funzione e i limiti dell'attività politica in una società religiosamente neutra o comunque non affatto omogenea.

Essa consiste essenzialmente nell'attività di regolazione, di orientamento e di guida di una comunità umana e si esplica con maggiore incidenza su quelle aggregazioni umane che abbiano raggiunto dimensioni e complessità ragguardevoli.

Guardata di volta in volta con sospetto e di conseguenza generatrice di spinte anarchiche, declassata a mera composizione di interessi contrapposti o a strumento di prevaricazione del forte sul debole, oppure, al contrario, considerata potenzialmente come l'attività più nobile che l'uomo possa svolgere, come suprema opera pedagogica di formazione dell'uomo, perché possa conseguire il suo pieno sviluppo umano, essa si serve di due strumenti in qualche misura inseparabili: la persuasione e la coercizione.

Ma questa compresenza in essa di persuasione e coercizione – giustificata in quanto la politica ha a che fare con gli uomini, tendenzialmente in dissidio tra loro e prima ancora con se stessi -, prima ancora di manifestarsi nel nòmos, nella legge, che è uno dei prodotti eminenti dell'attività politica, è già presente in quella sedimentazione di base di regole di comportamento non scritte, non rigorosamente ed esplicitamente formulate, ma generalmente osservate, in cui consiste il costume, l'éthos di un popolo.

Il nòmos esplicita perlopiù, ad un certo stato evolutivo della vita comune, quanto già presente nell'éthos, al fine di garantire "politicamente" un assetto preciso dell'ordine sociale; talora può anche non limitarsi ad esplicitare l'éthos, ma può cercare di correggerlo, in conseguenza di una visione magari più ampia e sintetica della vita sociale rispetto a quella propria di gruppi più ristretti (famiglia, clan, ecc.) depositata nell'éthos.

Ma, almeno per quanto riguarda la situazione dei popoli antichi, e anche, in larga misura, di quelli più vicini a noi, sia l'éthos prima, che il nòmos di conseguenza, nella loro funzione di regolatori sociali, lasciano trasparire, a chi poco li osservi con attenzione, due riferimenti, o meglio, due preoccupazioni fondamentali: i rapporti inter-umani da un lato, il rapporto con una realtà eccedente il mondo degli uomini dall'altro, realtà meno immediatamente percepibile, quest'ultima, ma ritenuta comunque sempre interagente, un po' come si constata per la forza di gravità, che interferisce incessantemente in tutti i fenomeni fisici sul nostro pianeta.

Nel corso dei millenni e ad ogni latitudine, éthos e nòmos, costume e legge, sembrano non poter prescindere dalle due coordinate cui già abbiamo accennato in precedenza, quella "orizzontale" e quella "verticale".

A far emergere questo elemento caratterizzante è stata la riflessione sulla politica, sui vincoli e sulle dinamiche proprie della vita associata, così come essa si è sviluppata prima in forme sapienziali, a più immediato contatto con singole esperienze – ampia parte in essa ebbero saggi, profeti, legislatori, capi di Stato -, poi ad opera di una più sistematica e più distaccata indagine di maestri del pensiero, specie a partire dal VI-V secolo a.C. nel mondo greco, che vide il sorgere di una vera e propria teoria politica.

Non possiamo qui evidentemente tentare di riassumere i risultati della ricchissima e profonda speculazione sulla politica – letteralmente, l'arte di governare la pòlis, la città-stato – che si è svolta in quel periodo in Grecia, sia ad opera dei Sofisti che di pensatori del calibro di Platone e Aristotele; il loro contributo di chiarificazione, in parte inglobato nei sistemi filosofici successivi, è divenuto poi, anche grazie alla rielaborazione romana, un patrimonio fondativo di idee e scoperte imprescindibile per tutto il successivo sviluppo del pensiero e della prassi politica in Occidente.

Tuttavia, sulla base dell'esperienza e delle osservazioni accumulate lungo i millenni, non è difficile trovare conferma dell'ineludibile, reciproca implicazione delle due preoccupazioni di cui sopra, ossia di quella relativa ai rapporti degli uomini col mondo naturale e ancor più ai rapporti fra di loro, da un lato, e quella verticale, attinente ai rapporti degli uomini con il divino, o, comunque lo si voglia chiamare, con una realtà che trascende, sovrasta e condiziona la storia e lo stesso mondo naturale.

Ad una prima considerazione sembrerebbe che gli uomini, un po' come gli animali, anche se ad un livello più "complesso", trovandosi ad esistere e a vivere su questa terra, non abbiano e non debbano avere altri bisogni se non quelli di gestire al meglio i loro rapporti con la natura (ivi compreso il loro corpo) e i rapporti tra di loro.

Semplificando all'estremo, dunque, la politica, come attività o "arte" (téchne) di orientare e dirigere la vita di una polis, di un regno, o di un impero, appare interamente assorbita da una preoccupazione immanente, quella appunto di gestire i rapporti tra gli uomini (individui, gruppi, popoli interi). Se la tecnica dell'homo faber è più direttamente rivolta a risolvere i rapporti dell'uomo col mondo della natura, col suo habitat, per dominarlo e ricavarne risorse per la sua conservazione e la sua crescita, anche la politica può essere vista, in ultima analisi, come una tecnica più o meno adeguata per la regolazione delle relazioni inter-umane.

Quali saranno dunque i dinamismi della natura umana su cui poter far leva in quest'opera di direzione e di governo, di formazione (Bildung), in questo modellamento pedagogico al tempo stesso persuasorio e costrittivo?

Vien da pensare a certe proprietà reattive che la natura umana ha in comune con il mondo animale: piacere/dolore, fiducia/timore, interesse/danno.

Tutto ciò che può procurare piacere, fiducia (o, perlomeno, assenza di paura), tutto ciò che può apparire come un vantaggio piuttosto che un danno, sostanzierà di sé il desiderio, darà un volto al bisogno, accenderà la tensione della ricerca, costituirà una promessa.

Qualcosa dunque di gratificante, di avvertito come utile o addirittura indispensabile per sé, per il proprio permanere in vita e per il proprio sviluppo.

Si potrebbe definire tutto ciò un "bene" in un'accezione puramente utilitaristica. L'espressione qua e là ancora presente nel linguaggio delle nostre campagne del nord Italia, "quel tale ha fatto del bene", per significare non che ha fatto opere moralmente buone, ma che si è procurato un notevole patrimonio da povero che era, oppure l'accezione corrente del termine "bene" in un contesto commerciale di scambio, conferma la possibilità di un'ottica essenzialmente utilitaria.

L'uomo, come qualsiasi altro animale, va in cerca di ciò che gli può servire, che gli procura piacere, che soddisfa i suoi desideri, i quali tuttavia sono molto più complicati (perlopiù) di quelli di una bestia.

Per procurarsi ciò di cui avverte il bisogno, ha la facoltà – di molto superiore a quella degli altri animali –di elaborare, per così dire, delle tecniche di caccia, delle strategie: in una parola, di fare un calcolo accurato dei vantaggi e dei rischi, di elaborare delle previsioni, anche complesse, per mettere sotto controllo l'oggetto del suo interesse.

Questo vale per la conoscenza (la scienza) della natura, quanto per la conoscenza (scienza?) e la possibile manipolazione dei comportamenti umani. Per rimanere nell'ambito dei rapporti inter-umani e quindi anche della politica in senso lato, la ricerca dell' "utile" è il primo elemento che si rileva con immediata evidenza. Non c'era bisogno delle teorizzazioni secentesche circa l'origine "contrattualistica" dello Stato per prendere coscienza che il movente primo dei rapporti umani è il bisogno, il desiderio (dovuto ad una radicale condizione di indigenza), e che detti rapporti si configurano primariamente, ad ogni livello, come dei...baratti, come un interscambio, dal commercio dei "beni" all'amicizia e anche, in parte non trascurabile, a quello che si conviene in genere di chiamare "amore".

Noi uomini (e donne, ovviamente...) siamo generalmente e in primo luogo degli "scambisti"; le filosofie utilitaristiche, da quelle antiche a quelle moderne e contemporanee, contengono una buona parte di vero. La psicoanalisi, in modo più asettico rispetto alla tradizionale introspezione di carattere morale e religioso, ha pienamente confermato questo carattere preminente delle nostre relazioni inter-umane.

Potranno dunque l'éthos, il nòmos, la politica in tutto lo spessore della sua azione orientatrice e plasmatrice della vita comune, prescindere da questa tendenza di fondo?

Sarebbe come voler far defluire le acque dal basso verso l'alto, in barba alla forza di gravità: fatica sprecata contro natura.

Quando Tucidide, il grande storico greco che compose la sua opera a stabile insegnamento per i posteri ("Ktéma te eis aèi, acquisto che vale per l'eternità" – La Guerra del Peloponneso, libro I, cap.22 -), osserva, anzi...lamenta, in linea con la più antica e profonda riflessione morale e religiosa, che nell'uomo prevale l'egoismo, fonte di tutte le prevaricazioni e di tutte le ingiustizie, non fa che evidenziare, attraverso un'analisi distaccata, "scientifica", razionale dei fatti, quello che è il primo motore del comportamento umano (e animale): la ricerca dell'utile proprio e del proprio piacere, non di rado identificati.

In quest'ottica primitiva, immediata, potremmo dire istintiva, quello che poi fu chiamato il "bene comune", il fondamento, per così dire, della comune felicità, non può che configurarsi come l'utilità comune. In un orizzonte immanentistico dell'hic et nunc, del qui e ora, la distinzione/opposizione tra l'utile e il bene, che tanto occupò già la riflessione antica, non sembra avere ragione di porsi. Né avrà ragione di porsi ogniqualvolta, dai Sofisti ai coerenti banditori dell'ateismo contemporaneo, la morale, e l'etica intesa come scienza della morale (pubblica), vengono ricondotte ad una sorta di tecnica della convivenza.

Quello che noi qui intendiamo ribadire, nel solco della grande riflessione antica, pagana prima che cristiana, per es. di un Platone o di un Aristotele, è che le considerazioni dei rapporti inter-umani in una prospettiva esclusivamente immanentistica, senza riferimento al rapporto verticale col divino, il trascendente, porta all'emarginazione dell'istanza morale e alla sua pratica dissoluzione nell'istanza utilitaristica.

In politica, la ricerca dell'utile "privato" (ad opera di individui, famiglie, gruppi intermedi) potrà entrare in conflitto con quello che viene più o meno chiaramente percepito come l'utile di tutti, il "bene comune" cui tendere da parte dell'intera comunità, ""individualismo" contro "olismo", privato contro pubblico – e questa potrà già costituire una spia delle tensioni e delle lacerazioni che l'egoismo genera. Alla base sta comunque un'ottica essenzialmente appetitiva, possessiva, che ha bisogno di conquistare l'oggetto del suo desiderio per assimilarlo e "nutrirsene" ai fini della propria permanenza in vita e del proprio sviluppo. E', per così dire, la dimensione ineludibilmente animale dell'uomo, anche se esplicata a livelli di "aggressività" qualitativamente assai diversi, brutali o raffinati.

Per possedere occorre controllare e per controllare, come già si è detto, occorre sviluppare una specifica strategia di "caccia" a seconda dell'oggetto di cui si intende entrare in possesso, che si vuole far proprio e assimilare. Dalla raccolta dei frutti della terra, alla caccia della selvaggina, dalle strategie economico-finanziarie che orientano l'interscambio dei "beni", dagli studiati percorsi della ricerca scientifica alle strategie militari o...di conquista amorosa, agli stessi tentativi di sottomissione del divino a proprio vantaggio (do ut des), ovunque questo controllo si esercita attraverso un calcolo (determinazione del punto di partenza, metodologie di attacco, valutazione delle possibilità di riuscita e dei rischi d'errore, ecc.).

A livello animale, o perfino vegetale (le strategie di una pianta per procurarsi il nutrimento e difendersi da ciò che può danneggiarla), le cose si svolgono attraverso un automatismo relativamente semplice e predeterminato. Quando entra in scena l'uomo, questo calcolo si fa molto più complesso. "Lògos" in greco antico significa anche calcolo e "loghìzesthai" vuol dire al tempo stesso far di calcolo, usare la logica, ragionare. La ragione è, a suo modo, una potenza di calcolo, di misurazione e di progettazione, un potente strumento organizzativo di cui l'uomo dispone per la soddisfazione delle sue inesauribili esigenze.

La "ratio" degli antichi e dei medievali è anche questo: essa è misura, calcolo, strumento di indagine per la risoluzione dei problemi e per il controllo della realtà. Ma non è soltanto questo, e identificarla in toto con la "raison" cartesiana, la ragione moderna intesa come facoltà sovrana di un uomo iperattivo e proteso all'autosufficienza, sarebbe un grosso abbaglio storico.

Questo perché, come già abbiamo accennato, il razionalismo moderno, prettamente occidentale, di ascendenza rinascimentale-illuministica, questa forma di pensiero che attribuisce al calcolo, alla misurazione, alla ricerca razionale paga dei suoi strumenti, l'esclusivo potere di risolvere i problemi dell'uomo e di soddisfare (progressivamente) tutte le sue attese, se anche ha qualche precorrimento nel mondo antico – in particolare nei Sofisti greci -, in effetti non ha avuto il sopravvento in tutto il mondo antico e medievale e neppure fino ad oggi presso la maggior parte dei popoli e delle civiltà.

La forma mentis, più in generale la disposizione di spirito della stragrande maggioranza degli uomini, considerata sia in senso diacronico che sincronico, ha conservato per millenni una percezione del mondo, una Weltanschauug, che potrà senz'altro apparire "oscurantista", non "scientifica", agli occhi "illuminati" dei razionalisti moderni, ma che, dal punto di vista della densità e della pregnanza, supera di gran lunga la visione del mondo che si vorrebbe derivare e fondare solo sui risultati della scienza moderna (specie della natura).

Per riprendere un'immagine utilizzata al riguardo da un filosofo contemporaneo [H. Steinthal, Was ist Wahrheit?, Che cos'è la verità?], con la riduzione della ragione a puro strumento di calcolo, di controllo e di dominio, si è verificata la spogliazione del grande albero, di cui si son lasciati in vita solo il tronco e pochi rami senza foglie. Un albero, verrebbe da aggiungere, che invece di abbeverarsi ad acque fresche e correnti (cfr. Salmo 1, 3) e offrire ombra e ristoro ai viandanti affaticati, conduce vita stentata e sterile nel deserto.

Dicevamo della forma mentis, della radicata disposizione di spirito della stragrande maggioranza degli uomini di ogni tempo (Grecia classica compresa, patria del primo (?) illuminismo razionalistico): in questi uomini la considerazione utilitaristica, che sembrerebbe di primo acchito ispirare e governare senza residui tutte le relazioni dell'uomo con la natura e con i suoi simili, è costantemente accompagnata, contrastata, integrata da una "pulsione" di natura diversa, per non dire opposta.

E' la pulsione dell'abbandono fiducioso, della rinuncia, della gratuità; una disponibilità a farsi da parte, a spendersi in perdita, a ricevere e a contraccambiare con gratitudine, un contemplare (bìos theoreticòs) prima che un fare.

Questo modo di essere alternativo, è data all'uomo la possibilità di viverlo attraverso molteplici esperienze.

C'è la via estetica, della bellezza come attrazione di qualcosa di amabile, che sfugge alla presa di una possessività ingorda e sembra invitare con discrezione ad una sosta contemplativa, ad uno stupore estatico e riverente. [Fateci caso: il razionalista coglie al più l'abilità del gioco, l'intelligenza e l'eleganza della costruzione, ma non è in grado di abbandonarsi alla suggestione verginale del bello].

C'è la via dell'intuizione – o del senso – morale, quale richiamo intimamente perentorio e drammatico al rispetto della dignità propria e del proprio simile, in qualche modo perfino di tutta la realtà vivente.

Già, la "dignitas hominis", il quantum di insondabile, ineffabile e inviolabile che ogni uomo/donna avverte come suo proprio e può avvertire, aldilà del proprio egocentrismo, negli altri. Essa è ciò intorno a cui può coagularsi e ispessirsi il proprio orgoglio, il sentimento narcisistico della propria grandezza, del proprio "valore", generando la ricerca della gloria e dell'emulazione in tutti i suoi risvolti positivi e negativi, e tuttavia resta sempre razionalisticamente inspiegabile, se non riducendola ad una specie di secrezione della nostra umana natura a scopo protettivo.

Il senso morale, dunque, come riconoscimento "istintivo", immediato, di qualcosa di "sacro", di custodito a parte, secondo il significato originario del termine, di indisponibile ad una logica di semplice baratto. Il senso morale come capacità di distinzione tra un dono (grazia) e una compravendita, qualcosa che ha più a che fare con l'amore che con il possesso, con la fiducia che con il calcolo, che implica una disponibilità all'offerta e al sacrificio, piuttosto che all'accaparramento e alla strumentalizzazione, un offrirsi senza sottrarsi e senza sottrarre all'altro.

Ma questa misteriosa spinta ad uscire da sé, a rinnegare il proprio tornaconto per fare spazio all'altro, al suo desiderio di vita e di felicità, questa mitezza e docilità, dove affonda le sue radici?

Per la sua specifica connotazione, che qui si è cercato approssimativamente di definire, essa non potrebbe scaturire, e soprattutto sostenersi, in forza di un calcolo. La riduzione della coscienza morale a opportunismo sociale ("rispetto l'altro così che quello rispetti me"- il che non è detto che sempre avvenga...), a rimedio e fuga dal "samsara" e dal separatismo individualistico, come in certa spiritualità orientale, si alimenta sempre in un''etica di vantaggio/danno, quindi ultimamente utilitaria.

Il senso morale, invece, come già quello estetico, non nascono originariamente da un calcolo, da una propria iniziativa, ma piuttosto da una "resa", da un abbandono; da una soggezione e da una venerazione.

L'utile è ciò che mi serve; il "bene", nella sua accezione morale, è ciò cui io devo servire.

E dicendo "devo" comincio implicitamente a riconoscere la mia situazione derivata e debitoria – nella metafisica tradizionale il Sommo bene coincide con l'Essere - , quanto meno di dipendenza e non di autosufficienza.

Dipendenza che posso anche avvertire primariamente con un senso di timore, ma che può diventare qualcosa di più, ossia un timore reverenziale.

Timore, reverenza, adorazione, supplica: nei confronti di chi o di che cosa?

Plausibilmente in primo luogo nei confronti di chi ci ha trasmesso la vita, che è più forte eppure ci protegge e ci aiuta a crescere: i propri famigliari. E' nella famiglia che si possono vivere le prime esperienze di dipendenza, di timore, di reverenza e di gratitudine, di dono ricevuto e magari ricambiato.

Però non passa molto tempo prima che l'uomo percepisca, per molte vie, una dipendenza più radicale e qualcosa di misteriosamente grande che lo precede e lo sovrasta, aldilà della propria famiglia, della propria cerchia più o meno vasta di rapporti col mondo e con i suoi simili. Sopra c'è il cielo, c'è il sole, c'è il firmamento, e la loro presenza, inspiegabile, accenna inevitabilmente ad un oltre. Ad un oltre che, per l'esperienza che l'uomo fa di se stesso, non può ultimamente essere una cosa inanimata, ma un essere dotato d'intelligenza e volontà. E la strada è aperta per una fede nel trascendente, qualunque essa sia.

L'uomo non può, senza una deliberata cauterizzazione di una ferita aperta, sottrarsi a questa presenza misteriosa, che avverte all'origine del suo essere e dell'essere del mondo: per l'uomo non ancora cauterizzato l'esistenza si sé e del mondo fa problema. Non ancora un problema filosofico, beninteso, ma un problema di orientamento, di scelte, di apertura della propria intelligenza e del proprio cuore all'ascolto delle indicazioni che crede possano venirgli in vario modo da quest'oltre.

In questo contesto di apertura al trascendente, di timore e di reverenza, germina quella dipendenza embrionalmente filiale di cui si sostanzia la relazione universale dell'uomo col divino; ed è qui che ha la sua scaturigine quella "pulsione", categorica e suadente ad un tempo, intrisa di timore, ma anche di incipiente tenerezza, che possiamo senz'altro identificare col senso morale, insopprimibile in ogni uomo, forsanche suo malgrado, e rintracciabile nella concretezza dell'éthos (e, conseguentemente, del nòmos).

Per cui concepire l'intero reticolo dei rapporti umani – se pur vogliamo limitarci ad essi, escludendo quelli tra l'uomo e la natura – come generato unicamente da considerazioni di reciproca utilità, intesa come bene comune tout court, senza tener conto dell'apertura primordiale degli uomini al trascendente, quale si manifesta in modo trasparente attraverso la disposizione estetica, morale e direttamente religiosa, è mancare di realismo.

Estetica, morale e religione sono i segnali inconfondibili di un orientamento dello spirito umano, del richiamo universalmente avvertito ad una sollecitazione, ad una "chiamata", che si fa sentire da oltre il mondo, e in particolare da oltre il mondo dei rapporti inter-umani considerati a se stanti.

E poiché né l'ultima verità delle cose – stando anche semplicemente al celebre teorema di Goedel -, né la fonte e l'essenza dell'amore – di cui si alimenta più o meno consapevolmente il senso morale – possono essere raggiunti dall'interno del sistema, un sano realismo consiglia di non far finta di nulla e di non chiudere con disinvoltura la porta al trascendente, se si vogliono capire e trattare di conseguenza le cose umane.

La politica, quindi, intesa nella sua più alta accezione di formazione dell'uomo, di percorso pedagogico verso il raggiungimento della felicità – ammesso che possa davvero aspirare a una méta del genere, o arrogarsi tale compito -, non potrà senza conseguenze prescindere dal riconoscimento di entrambe le dimensioni o coordinate essenziali sopra ricordate, quella orizzontale, immanente, "utilitaristica", e quella, per converso, verticale, trascendente, rivolta ad un "bene" diverso, in parte alternativo, pensabilmente superiore per origine e qualità.

Capitolo terzo

La politica fra immanenza e trascendenza.

Il bene morale – lo abbiamo già accennato – si distingue in radice e in parte si contrappone al bene inteso in senso utilitaristico: il primo lo si riceve e lo si trasmette nella linea del dono, gratuitamente, il secondo lo si conquista e lo si spende nella linea del possesso.

L'obbligazione contrattualistica che regola lo scambio di beni del secondo tipo è relativa e revocabile. L'obbligazione morale, al contrario, si impone alla coscienza per il suo carattere assoluto, in quanto in essa si rende avvertibile un riferimento ad una realtà esterna, eccedente il semplice intreccio delle relazioni inter-umane, fuori dalla portata dei calcoli di convenienza.

L'obbligazione morale, per il modo "drammatico" con cui si rende palese alla libera scelta dell'uomo, porta con sé un richiamo a qualcosa che non è aggredibile, né manipolabile a piacere. Per questo si rivela sempre ingenua e illusoria ogni riduzione (razionalistica) dell'etica a tecnica della convivenza. E' questo richiamo all'oltre, questa specificità "religiosa" (da "re-ligio", collegamento fra il divino e l'umano) – Kant, pur nel suo razionalismo, l'aveva colto perfettamente, e prima di lui tutta la grande tradizione del pensiero filosofico antico e medievale – che apre un secondo fronte nella considerazione delle cose umane.

Che sia necessario postulare l'esistenza di Dio per dar ragione dell'istanza morale è tesi che ha esposto Kant al rimprovero di aver ridotto Dio a un parassita della morale. Ma l'aver rivendicato la profonda ragionevolezza di tale postulato – non della dimostrazione: Kant sapeva troppo bene che Dio non è coartabile in una dimostrazione e che ciò è garanzia di libertà anche per l'uomo – portava ad escludere, come semplicistica e superficiale, ogni riduzione dell'istanza morale(-religiosa) ad una paura di fronte all'ignoto ("primos timor fecit deos", i primi dei li ha creati la paura), o ad un calcolo in vista della sopravvivenza tra egoismi sfrenati ("homo homini lupus", l'uomo lupo per l'uomo).

"Il cielo stellato sopra di me – Popper è convinto che Kant pensasse al cielo descritto da Newton - e la legge morale dentro di me". Gli uomini di ogni tempo e luogo – almeno fino a poco tempo fa…-, guardando il cielo e avvertendo dentro di sé l'istanza morale (qualcosa di non molto dissimile dal celebre dàimon socratico), pensavano al divino e consideravano spontaneamente la divinità come fonte, o quanto meno garante, dell'ordine cosmico e dell'ordine morale (le "leggi" del cosmo e le "leggi" della morale). In questo evidenziando un'esigenza primaria e insopprimibile da parte dell'uomo: tenere aperta la relazione col divino.

Si manifestava in essa l'intuizione, magari confusa ma profonda, che per vivere da uomini e tra uomini, non fosse sufficiente attingere i criteri d'orientamento per le proprie scelte dalla semplice dinamica dei rapporti interumani. Il bene nella sua accezione morale, ma anche come suprema utilità per l'uomo, aldilà di tutti i suoi calcoli, in una parola la felicità, non poteva scaturire da una semplice gestione, per quanto razionalmente oculata, delle relazioni inter-umane, ma dipendeva in radice dalla qualità della relazione col divino.

E a questo proposito occorrerà dire che, come non si possono ragionevolmente equiparare tutte le civiltà e tutte le esperienze umane quanto a complessità e ricchezza di significato, così si dovrà riconoscere che l'esperienza della relazione col divino presenta non solo una varietà straordinaria nello spazio e nel tempo, ma anche una molteplicità di livelli qualitativi, se valutati in riferimento alle possibilità cognitive e affettive dell'uomo.

Più precisamente, diverso è il rapporto col divino nella magia, nelle varie forme di animismo e di politeismo, infine nel monoteismo, in particolare se si considera come quest'ultimo venga progressivamente configurandosi nell'esperienza eccezionale della religione ebraico-cristiana, nonché nella sua "appendice", vagamente mimetica, dell'Islam.

Il Dio che l'uomo qui viene scoprendo – o, se si parla più correttamente di "rivelazione", il Dio che qui si viene progressivamente rivelando all'uomo – determina, col suo stesso manifestarsi, una relazione Dio-uomo di una profondità, totalità, ricchezza qualitativa che, soprattutto nel suo vertice neotestamentario, coinvolge l'insieme delle capacità relazionali dell'uomo, nessuna esclusa.

Il Dio della Bibbia, dell'Antico e del Nuovo Testamento, a questo riguardo si fa conoscere come un Dio davvero "invadente", -"geloso" –secondo il colorito linguaggio biblico -, nel senso che non lascia all'uomo nessuno spazio in cui farsi i fatti propri in…"santa pace". Mente e cuore, carne e spirito, sono implicati in questa relazione "verticale" e sollecitati oltre ogni limite naturale. "Se la vostra giustizia non supererà quella degli scribi e dei farisei, non entrerete nel regno dei cieli" (Mt.5,20), dove per "giustizia" è da intendere l'intimità della relazione con Dio. L'uomo non può evitare un esproprio che, al di fuori di un abbandono filiale, genera indubbiamente paura e rifiuto.

Ora, proprio il presentimento del trascendente, l'incoercibile affacciarsi alla coscienza umana della possibilità di una relazione col divino, fa intravvedere all'uomo – sia al singolo che alla collettività – un'alternativa radicale, ben rappresentata nei miti e nella riflessione antica, nell'immagine ricorrente delle due vie: quella, ardua, che conduce alla vita felice e quella, larga e seducente, che conduce alla rovina.

Da un lato, <u>a</u>), se già nell'istanza morale – ma qualcosa di analogo avviene nello stupore estetico – si rende avvertibile un richiamo, un appello all' "oltre", un invito a non lasciarsi assorbire e condizionare interamente dalla fitta rete delle relazioni inter-umane e tra l'uomo e il mondo nella sua immediata naturalità, l'affiorare per tempo e il successivo svilupparsi di una più consapevole "religio", come esigenza di relazione col divino, con una Potenza che sovrasta uomini e cose, pone, per così dire, sulla coscienza umana un'ipoteca difficile da trascurare.

Attraverso questa relazione l'uomo viene scoprendosi in debito del suo stesso esistere nei confronti di questa Potenza, prima che nei confronti di chiunque altro, personalmente e collettivamente, e, di conseguenza, sviluppa la coscienza di "dovere" a questa Potenza rispetto, obbedienza e gratitudine prima che a chiunque altro. "Prima" non in ordine di scoperta – c'è un rispetto e un'obbedienza ai genitori, per esempio, che precede ogni scoperta di Dio -, ma in ordine...gerarchico, di livello debitorio. "Se sia giusto innanzi a Dio obbedire a voi più che a lui, giudicatelo voi stessi" (At.4,19); "Bisogna obbedire a Dio piuttosto che agli uomini" (At.5,29): quella Potenza appare – o si disvela – come il punto di sintesi suprema, rispetto al quale tutto il resto, relazioni umane comprese, trova la sua collocazione, il suo significato (e il suo ridimensionamento).

Karl Schmitt, insigne giurista e politologo, osserva che il punto di sintesi finale, "l'unità decisiva", nelle relazioni umane si opera sul piano politico [K.Schmitt, Le categorie del "politico", ediz. Il Mulino, pag.126], in questo riprendendo quanto già sostenuto da Platone e Aristotele, attenti osservatori della vita della polis. Ma questo non esclude – e Schmitt lo avrebbe riconosciuto senza difficoltà nella sua qualità di credente – che, in una visione più ampia e completa delle cose umane, attenta alla bipolarità "orizzontale/verticale", la stessa sintesi politica risulti imprescindibilmente subordinata e comunque condizionata dalla sintesi suprema che si attua attraverso la relazione verticale uomo-Dio.

"Rendete dunque a Cesare quello che è di Cesare e a Dio quello che è di Dio" (Mt.22,21): data la sproporzione creaturale di Cesare rispetto a Dio, è ovvio che anche Cesare non possa – se non illusoriamente – prescindere da Dio (o cercare di sostituirlo...).

D'altro canto, **b**, nel caso si oscuri nella coscienza umana questa relazione fondativa col divino, ossia venga meno una qualsiasi forma di "religio", la sintesi suprema, agli occhi degli uomini, tenderà davvero ad arrestarsi al livello "politico", per il fatto che il cielo di Kant si chiude e gli uomini si trovano soli a farsi i fatti loro.

Inutile precisare che l'esperienza umana oscilla, o meglio...barcolla, costantemente, tra queste due sintesi, che corrispondono ultimamente ad un riconoscimento della dipendenza e della creaturalità dell'uomo e del cosmo rispetto alla Potenza divina, o, in antitesi, alla rivendicazione, più o meno esplicita, della propria (solitaria) autosufficienza.

L'esistenzialismo intendeva l'esistere – ex-sistere, saltar fuori, emergere – come un autoprodursi dell'uomo da se stesso, attraverso il progressivo dispiegamento delle sue possibilità; il realismo del pensiero classico, non ancora intossicato dal soggettivismo narcisistico moderno, intendeva più semplicemente l'esistere come l'uscire dal nulla e riteneva che questa operazione non fosse alla portata dell'uomo.

In una visione irreligiosa, atea, della vita e del mondo, non solo il complesso delle relazioni inter-umane occupa interamente la scena e perciò, coerentemente, la dimensione politica acquista – come per la torre di Babele – il ruolo di ambito primario delle scelte in ordine al vivere comune, ma, altrettanto coerentemente, la ragione indagatrice resta paga, per così dire, delle sue categorie funzionali.

La ragione, il pensiero, la capacità di conoscere il mondo resta, nella sua essenza , una prerogativa esclusivamente umana e, occorre riconoscerlo, non poco sorprendente. Ma se l'uomo esclude ogni relazione con Dio, negandone l'esistenza, o comunque autogestendosi in totale "autonomia" (considerandosi "norma" a se stesso), la ragione di cui si trova provvisto e che coltiva, pur ammesso che riesca a non apparirgli, alla fine, come una singolare secrezione della sua natura, seguirà comunque la consequenzialità dei suoi meccanismi induttivi e deduttivi e individuerà nel rigore (talora solo supposto) di questi processi il solo fondamento originario delle sue conclusioni e conquiste in ogni campo, da quello dell'indagine sulla natura a quello stesso della morale, anch'essa "naturalizzata". I caratteri di razionalità e scientificità (non di rado supposta) saranno al vertice della scala assiologica, stante il fatto che l'uomo (anche questo è sorprendente) non riesce ad evitare il problema del "valore". Va da sé che un uomo come quello ora descritto non "riconosce", ma "pone" i valori, secondo determinati criteri di calcolo.

Per questo, l'istanza morale presente nell'éthos e nel nòmos non appare più come un segnale dell' "oltre", di cui tenere "debitamente" conto, ma esclusivamente come un approdo – variabile nel tempo col mutare delle umane relazioni – dei processi cognitivi, in una parola della capacità raziocinante umana.

E questa concezione dell'etica non può non avere riflessi immediati sul piano della sintesi politica, in quanto rende disponibile il diritto, il costume e lo stesso giudizio morale ad un'eventuale modifica in nome di una più evoluta razionalità (eventualmente raggiunta mediante la discussione e il procurato consenso, come già avveniva coi Sofisti).

E qui rispunta fuori la domanda che ci eravamo posti all'inizio. In una prospettiva di questo tipo il bene comune, di tutti e di ciascuno, che la concezione (ingenua?) degli antichi e dei medievali additava come ricerca e fine specifico della politica, si distingue ancora dall'utilità comune, razionalmente, immanentisticamente, individuata?

Se, nell'indagine affidata alle mere risorse della razionalità, dal "bene" è stato espunto il suo carattere allusivo all' "oltre", la sua dimensione ultimamente "religiosa", esso non finirà per coincidere con l'utile, in un'ottica, appunto, di semplice calcolo delle convenienze?

L'etica, magari nobilitata (per compensare la perdita?) con la qualifica di "etica della responsabilità" – un mutuo rispondersi in una logica di do ut des -, non si tradurrà fatalmente in una scienza, o meglio in una tecnica, della convivenza umana, come del resto è già stato teorizzato? Fatto centro sull'ego, sia pure sull'ego collettivo, il bonum moralmente inteso è ancora distinguibile dall'utile? L'ego si piega all'apertura all'oltre (e…all'amore), o lo piega verso se stesso?

Lo abbiamo già detto, ma vogliamo ripeterlo: ragionare (gr. loghìzesthai, lat. ratiocinari) significa primariamente far di conto, computare, calcolare. Del resto, nelle scienze della natura, che tanto hanno concorso ad enfatizzare il razionalismo, come si perviene ad una spiegazione dei fenomeni? Una volta precisata una situazione di partenza, ipotizzando i dinamismi in gioco, si cerca di determinare (prevedere) l'esito del processo e di trovarne poi conferma nell'osservazione e nella misurazione.

Precisata la condizione di partenza: e questa, nel caso specifico di una decisione da prendere in campo etico-politico, qual è esattamente, o almeno come viene percepita e descritta?

Si tratta di una situazione totalmente conclusa ed esaurentesi nell'ambito delle relazioni interumane, oppure è aperta alla relazione verticale con Dio, sentito, per così dire, come apice da cui tutto discende e verso cui tutto converge? E' il vecchio e sempre attuale problema antropologico, da cui nessuna etica e nessuna politica può prescindere: l'uomo, il mondo, è o non è una creazione di Dio?

Se l'uomo è creatura di Dio, non può prescinderne, e se lo fa – perché può farlo - , lo fa a suo danno. Se l'uomo invece – come l'universo – è un prodotto casuale di un eterno combinarsi di onde e di particelle elementari, non ha da "rispondere" a nessuno, a rigore neppure ai suoi simili, anche perché, in fin dei conti, non decide, ma è deciso dalla dinamica, casuale o necessaria, delle onde e particelle di cui si trova costituito. Il problema, se mai, per lui, sarà di trovare un fondamento razionalmente non risibile alla sua dignitas, cui tanto tiene. Si prende sul serio? Spieghi almeno decentemente il perché…

Come ha ben messo in evidenza il celebre teorema di Goedel, nessun sistema chiuso offre la possibilità di giustificare/verificare le proprie deduzioni: ciò è possibile solo se si dispone di un punto di riferimento esterno.

In ogni caso, lasciando agli "orizzontalisti" integrali l'onere della prova circa la fondatezza ultima delle loro conclusioni, non possiamo non rilevare che, in un'ottica puramente orizzontale – quella delle semplici relazioni inter-umane – l'uso di una razionalità conseguente, "scientifica", non lascia spazio ad una considerazione dell'atto morale come costitutivamente diverso da un calcolo di convenienza. Alla radice di ogni motivazione comportamentale, che altro può essere concepito se non la pura e semplice ricerca dell'autoconservazione, sia da parte del singolo che da parte del gruppo e della specie?

Spinoza, razionalista coerente, l'aveva già visto benissimo nella sua celebre *Ethica ordine geometrico demonstrata*. Se il pesce grosso, per conservarsi in vita, ha bisogno di mangiare il pesce piccolo, perché mai questa logica non dovrebbe valere in quella specie solo un po' più sofisticata che è l'umanità? E non meraviglia che l'ebreo Spinoza, conquistato dal razionalismo scientifico-cartesiano, abbia finito per fornire, ovviamente senza volerlo, più di uno spunto al darwinismo sociale e alla sua concretizzazione nei lager nazisti e comunisti.

In un'ottica orizzontale, in cui l'uomo prende semplicemente atto di esserci, di essere fatto in un certo modo e, "attenendosi ai fatti", senza varcare la frontiera del contingente e del finito, usa di sé e cerca di mantenersi in vita quanto più a lungo e il meglio possibile (l'ideale del...consumatore!), che altro può essere in fondo il bene, se non il procurarsi vantaggi e l'evitare danni? Il bene diventa il benessere, la mitica "qualità (positiva) della vita", in cui rientra evidentemente non solo un vantaggioso rapporto con le cose (e la tecnica serve allo scopo), ma anche e soprattutto, una scaltra gestione delle relazioni inter-umane. La razionalità pone le sue risorse di calcolo, la sua perizia "scientifica", al servizio di questo scopo supremo: conservare e sviluppare la vita di ogni essere vivente e dell'uomo in particolare. Di qui l'afflato animalista (però le zanzare che dan fastidio si possono eliminare e cani e gatti, per il benessere dell'uomo, castrare...), di qui l'incoraggiamento a volersi bene, a non odiarsi, per bandire la guerra e la morte anticipata. Diciamola tutta intera: è la ricerca, a colpi di ragione calcolatrice, della propria "salvezza", concetto che, biblicamente, include pace, sicurezza, pienezza di vita, felicità.

Resta il problema irrisolto della morte, cui la salvezza orizzontale non può porre rimedio più di tanto, ma qui soccorre la rimozione. D'altra parte, solo un pessimismo visionario può aver ispirato una riflessione come quella di Ebrei 2,15, dove si osa sostenere che Cristo è venuto a "liberare quelli (gli uomini) che <u>dal timore della morte erano tenuti in schiavitù per tutta la vita</u>"...

Se gli uomini, chiusi nel cerchio magico (diabolico?) dell'autosufficienza e dell'immanentismo, perseguono con tutte le loro forze la propria salvezza nel senso sopra riferito, restano necessariamente aggrappati a se stessi nell'illusione di poter sostenersi nel vuoto e di non precipitare nel nulla.

Se la nostra Terra ruotasse solo intorno al proprio asse e non anche attorno al sole nel modo che sappiamo, con ogni probabilità non sarebbe quel bel pianeta che conosciamo, ma solo uno dei tanti sassi senza vita erranti nello spazio.

Il solo calcolo dei vantaggi e degli svantaggi, se guidato da una ragione egocentrica – a livello individuale e collettivo – non solo dissolve l'istanza etica in quella utilitaristica, il bene nell'utile, come questo si prospetta ad un'analisi semplicemente razionale, ma fatalmente, per la stessa forza egocentrica, finisce per frammentare questo utile in tanti utili particolari e contrapposti, rendendo arduo ogni tentativo di sintesi.

Non solo il singolo, ma ogni comunità particolare può razionalmente individuare un proprio utile ai fini della propria conservazione e del proprio sviluppo, e questo sarà senz'altro il bene ai suoi occhi. Ogni Paese invasore, mentre persegue il suo utile, gli conferisce volentieri una valenza etica. Poiché l'uomo sente il bisogno di nobilitare il proprio egoismo davanti alla propria e altrui coscienza, le giustificazioni più elevate potranno essere esibite: per fare un solo esempio, quale imperialismo non ha fatto riferimento alla superiore civiltà dei dominatori imposta a beneficio dei dominati?

Per la conservazione e lo sviluppo – dunque per la salvezza – del proprio gruppo (famiglia, nazione, comunità politico-religiosa, ecc.) può essere presa in considerazione e ritenuta utile anche la rinuncia alla vita di uno o più membri del gruppo medesimo. La frammentazione in gruppi, ciascuno dotato di una propria identità e preoccupato di assicurare la propria sopravvivenza, può [solo un'ottica strettamente hegeliana perviene all'inevitabilità del conflitto] attivare la dinamica amico/nemico e generare ostilità: in caso di scontro, la pulsione auto-conservativa del gruppo esige il "sacrificio" di alcuni a vantaggio della comunità.

Per evitare gli scontri occorrerebbe che la ragione umana, nella sua distaccata ricerca dell'utile universale, riuscisse a prevalere sulle ragioni particolari, ma è altamente improbabile – come del resto dimostra l'esperienza storica passata e presente – che la pace universale, per sua natura richiedente varie rinunce alle parti, s'imponga in virtù della semplice ragione. Potrebbero riuscire più efficaci allo scopo le nuove grandi paure della guerra atomica e chimico-batteriologica, ma una pace fondata sulla paura sarebbe ancora una conquista ascrivibile della ragione?

Il fatto è che la ricerca dell'utile, in un'ottica prettamente terrena, non può che tendere ad un "lebensraum", ad uno spazio controllato entro cui vivere sicuri nel breve tempo a disposizione prima di scomparire nel nulla. La prospettiva della morte – e tutti i suoi concretissimi preannunci – porta il singolo e il gruppo a stringersi, per così dire, in se stesso, a chiudere porte e finestre per tener fuori l'orrenda minaccia e stare tranquilli. Questo vale anche per l'umanità nel suo complesso. Anch'essa, nell'immensità dello spazio e del tempo, nel mistero fitto che avvolge la sua origine e il suo destino, soffre di solitudine e di ansia, oggi forse ancor più di ieri, e tende, come la monade leibniziana, a chiudere porte e finestre davanti al Mistero di Dio.

Se il proprio bisogno di vita (in pienezza) viene calcolato, definito sulla base dell'ego – personale o collettivo -, sulla propria presunta identità razionalisticamente definita, l'utilità o la dannosità delle scelte sarà valutata di conseguenza. Tutto ciò che ragionevolmente, in una prospettiva esclusivamente temporale e terrena, mi può servire per mantenermi in vita hic et nunc e tutto ciò che prevedibilmente potrà servire in futuro alla mia continuazione nel tempo, ossia alla mia prole e ai miei discendenti (proiezione patetica dell'ego oltre la morte), ebbene tutto questo sarà da considerarsi un "bene". "Male" sarà l'esatto contrario. Il "bene vivere", l'"eu zen" aristotelico, viene a coincidere con la fruizione della vita al più alto grado delle sue gratificazioni possibili, vuoi sensoriali, affettive, o, per pochi illuminati, cognitive.

Ora, che l'uomo naturale, che ciascuno di noi, che tutta l'umanità, sia portata, a livello immediato, a "ragionare" così non stupisce affatto. Siamo – provvisoriamente - dei viventi e desideriamo vivere; anzi, il desiderio è parte integrante della stessa dinamica vitale e il suicidio dolce dell'io, proposto come via di salvezza da una parte della spiritualità orientale, non sembra la più felice delle soluzioni…

Se mai stupisce il fatto che l'uomo, al primo apparire, al primo manifestarsi al suo spirito di quell' "oltre" che traspare nell'istanza etica e poi, sempre più forte, nella sollecitazione religiosa, cominci a cogliere, più o meno confusamente, i limiti della sua concezione naturalistica e orizzontale della vita umana.

E' un segnale che l'uomo, e lui solo, è in grado di prendere le distanze dal modo immediato di vivere che è proprio degli altri viventi sulla terra. Si è detto a ragione che l'animale si limita ad essere, l'uomo invece sente di dover essere. E' come se avvertisse che la sua vita gli è stata consegnata per farne qualcosa; non solo per conservarla e fruirne il più intensamente possibile, ma per orientarla verso una méta al di fuori del tempo, oltre l'hic et nunc. E soffre maledettamente, per poco che ci pensi, quando sente di poter fallire, o di aver fallito, il traguardo.

Il fatto è che, con l'apparire dell' "oltre", scopre un termine, un punto di riferimento esterno al sistema (chiuso) delle sue relazioni orizzontali, intra-mondane e intra-umane, dal quale solo è possibile valutare la verità o meno di quanto sentito, pensato e creduto all'interno del sistema.

E' la relazione verticale con la Potenza trascendente che consente una riconsiderazione delle proprie attese, del proprio modo di vivere, di sentire e di pensare. Ancora la stessa, di conseguenza, che stimola a ripensare l'equazione utile=bene, poiché il bene, considerato da un'ottica religiosa, trascendente, può indicare un utile che non coincide più con l'utile precedentemente intravvisto, correggerlo, integrarlo e purificarlo in una prospettiva di vita e di "salvezza" infinitamente dilatata e potenziata oltre il tempo e oltre la morte.

La riflessione antica, nelle sue più profonde espressioni, aveva già ben colto la differenza tra l'utile e il bene, proprio perché recepiva una visione intimamente religiosa della vita e del mondo.

Val la pena di richiamare come l'esperienza biblica dell'Antica e della Nuova Alleanza, nella progressiva scoperta di un Dio salvatore e donatore di una vita senza fine, abbia sancito in modo inequivocabile il superamento di un'ottica chiusa, esclusivamente temporale e ciclica.

Non più solo il "bìos", la vita nel suo manifestarsi terreno, ma la "zoé", la vita in pienezza, qui sempre e solo intravvista, sognata, la vita nella sua indicibile potenza divina, è la promessa del Risorto per chi accoglierà la relazione con Lui. Una vita divina, straripante, che, non conoscendo limiti di tempo, già comincia a manifestarsi hic et nunc in coloro che sono chiamati a "diventare figli di Dio" (Gv.1, 12).

Ma, come si è detto, proprio questa prospettiva di pienezza ridimensiona e giudica la concezione di una vita tutta chiusa in senso temporale e terreno. La giudica nel senso che distrugge la sua schiavitù dalla morte, dissipa "l'ombra di morte"(cfr. Lc.1,79) e denuncia come fuorviante e mortifero tutto ciò che in essa permane di chiuso e di soffocante, in particolare il suo rannicchiarsi timoroso su se stessa, il suo rifiuto di aprirsi alla relazione col Dio della vita (in sostanza, il vero grande peccato degli uomini, da cui tutti gli altri discendono).

E' proprio questo "pnìgos", questa prigione soffocante della propria solitaria autosufficienza, magari razionalmente teorizzata, che impedisce agli uomini di cogliere il loro utile supremo, che questa volta coincide col Bene.

Chi accetta di essere salvato, di lasciarsi tirar fuori dalla prigione del puro contingente, acquista la capacità di comprendere che possono essere sommamente utili (e perciò anche buone) scelte o condizioni di vita che una razionalità soltanto immanente non avrebbe potuto valutare tali.

Basti pensare alle Beatitudini evangeliche. Che utilità può avere, che bene può derivare, in un'ottica puramente terrena, dall'essere perdente in questo mondo, povero, addolorato, umiliato, rifiutato, dalla rinuncia a farsi valere, a farsi giustizia da soli, dall'essere povero di "beni" quali la ricchezza, il riconoscimento ammirato dei propri simili (successo, gloria), addirittura disprezzato e odiato?

Nel mio naturale desiderio di vivere felice, posso accettare tutto questo e addirittura la morte? Non è masochismo?

Lo sarebbe se, per evitare la sofferenza, agissi preventivamente cercando di soffocare in me il naturale desiderio di vivere, com'è un po' nella proposta buddhista. Lo sarebbe se, in un'estrema volontà di autoaffermazione contro il nemico, immolassi me stesso e magari il nemico con me. Lo sarebbe in tutti i casi in cui, un po' come il Pier della Vigna dantesco, cercando di salvare me stesso, o il mio gruppo, facessi, per così dire, un patto con la morte.

Non è già più così per il soldato che vorrebbe vivere, ma è costretto a rischiare la propria vita perché la comunità cui appartiene glielo chiede.

Lo è ancor meno per chi offre la sua vita perché la vita trionfi negli altri.

I testimoni della vita eterna portata da Cristo, pur desiderando umanamente la vita e non la morte già qui sulla terra, ricevono da lui la capacità di capire che il salvare la propria vita e il fruirne in abbondanza quaggiù non è l'obiettivo supremo in base al quale valutare l'utile e il bene. Ai loro occhi vi è qualcosa di immensamente più grande e prezioso che si svela progressivamente nella loro relazione con Dio, col Cristo morto e risorto, tale da giustificare una relativizzazione dei beni e delle promesse terrene e da far accettare la vita come un "pellegrinaggio", un cammino verso il vero traguardo dell'uomo.

La prospettiva escatologica che viene loro dischiusa dalla pedagogia dello Spirito non li porta a disprezzare la vita di quaggiù, ma a viverla in funzione del suo compimento in Dio.

La ricerca e la testimonianza della "giustizia", non più solo come "suum cuique tribuere" (dare a ciascuno il suo), ma come progressiva assimilazione e comunione col Dio dell'amore e della vita comporta inevitabilmente una sofferenza, una passione e una morte, che è prima di tutto morte ad una presunzione di autosufficienza e a tutto ciò che questa comporta. E', si potrebbe dire, l'inizio di un nuovo modo di desiderare.

Il credente in Cristo, aiutato e trasformato dallo Spirito, non pone più l'ego (personale o collettivo), la propria percepita identità e le sue esigenze di autoconservazione, al centro e all'origine delle proprie scelte, ma si rimette con fiducia – fede, appunto – a quella "sintesi suprema" in cui si fonde perfettamente l'utile col bene; una sintesi che solo Dio può conoscere appieno e verso cui l'uomo che si affida a Lui può dirigersi fin d'ora.

Lo Spirito comunica alla ragione "docile" (che si lascia "docere", cioè istruire) non ancora la totalità pregnante del progetto di Dio sull'uomo, ma la direzione, la luce che illumina il cammino. E in questa luce anche la disutilità umana delle Beatitudini, un amore oblativo che si dona in perdita, senza calcoli di convenienza temporale, può diventare vivibile e rompere il cerchio di ferro di un'autorealizzazione prigioniera del tempo e della morte.

In quest'ottica – ma solo in quest'ottica – l'istanza morale, in cui già traspariva, a chi avesse occhi per vedere, un richiamo all' "oltre", perde quella banalizzante componente egoistica che una visione tutta antropocentrica finisce inevitabilmente per attribuirle.

In essa non viene meno la ricerca di ciò che è ultimamente utile per l'uomo; solo che questo non è più soltanto una conquista e il frutto di un calcolo razionale autosufficiente, ma è affidato con totale fiducia alla Fonte della vita e dell'amore.

Credo, quindi mi affido, e accolgo da Dio la luce della verità che mi conduce alla vita, qui e oltre la morte. Da Dio ricevo la forza di amare, di per-donare e di donarmi, che brucia ogni calcolo di tornaconto egoistico.

L'istanza morale, liberata da ogni costrizione egoistica, torna ad essere quello che è nella sua natura più nascosta e profonda: un atto di amore e di culto. In questo contesto trova posto anche la funzione liberatrice della sofferenza.

L'utile, in prima battuta, è ciò che serve a me. Il bene è ciò che avverto come degno, meritevole di venerazione, ciò cui io devo servire, ciò da cui dipendo e in funzione di cui sono. E' ciò che è da venerare, in un primo tempo, se mai, "con timore e tremore", ma poi da amare quanto più mi si rivela per quello che è e a cui obbedire in libertà per amore.

Per la "coincidenza degli opposti" si rivela paradossalmente anche come l'utile supremo, non alla "razionalità", ma alla ragione illuminata dalla fede.

E il nòmos, la legge che veicola l'etica, il senso morale, suppone un'umanità - e un legislatore – che sappiano venerare.

Tale era tendenzialmente la legge antica, e in modo particolarmente esplicito la Legge d'Israele.

La legge razionalistica dello Stato moderno, in corrispondenza con l'eclisse della dimensione religiosa, tende a configurarsi come la legge di un'umanità – e di un legislatore – che non sanno venerare (anche se poi chiedono venerazione per sé). Non veicola l'etica come tale, ma, come norma che disciplina i rapporti inter-umani, le conserva il nome riducendola a ricerca dell'utile contingente. Diventa espressione di una "scienza" o tecnica della convivenza, frutto del razionalismo autocefalo. Dalla ratio degli antichi, aperta al trascendente e sottomessa a un ordine naturale e cosmico percepito come espressione della volontà divina, alla raison post-cartesiana e "scientifica", che non riconosce altro ordine al di fuori di quello che pone di sua esclusiva autorità.

Legge "positiva", diritto "positivo", in uno "Stato di diritto": così la legge diventa la proiezione giuridica dei rapporti di convivenza; tutt'al più cerca di farli evolvere verso un assetto più conveniente (a chi?). Essa è l'espressione di un'antropologia secondo cui l'uomo è considerato in primis come faber e contraente. Quest'ottica fa perfettamente il paio con la convinzione ormai radicata in ambienti scientifici contemporanei, secondo cui il mondo io lo faccio esistere nel momento stesso in cui lo sottopongo ad osservazione.

E la politica risente più che mai di questa hybris, di questa più o meno consapevole, quanto ridicola, arroganza.

Capitolo quarto *La politica come pedagogia: persuasione e coercizione.*

Sia nell'ambito di una visione immanentistica delle relazioni umane come autosufficienti, sia in quello di una considerazione dell'esperienza umana e della storia aperte ad una relazione ulteriore e determinante col divino, una cosa risulta evidente: l'éthos e il nòmos, il costume e la legge, l'etica e il diritto – e la politica che è legata ad entrambi – includono, in varia misura, un elemento di invito, di proposta, di persuasione, e uno di   dissuasione   .
Come ogni forma di pedagogia umana, etica, diritto, politica, distinguibili, ma inseparabili tra loro, indicano all'uomo una direzione, un modo di vivere, cercano il suo consenso e, al tempo stesso, prevedono, a diverso titolo, delle sanzioni con cui vincere le sue eventuali resistenze. L'uomo è affidato insieme a se stesso e agli altri per diventare ciò che ancora non è, non solo fisicamente, ma nelle straordinarie possibilità del suo essere.   E' portatore di "responsabilità": non può esimersi dal rispondere a se stesso, agli altri e, per chi crede, a Dio, origine e fine del suo esistere, come del

mondo intero. Rispondere è vivere una relazione, con la tensione che essa stabilisce tra due diverse identità.

Mutuando un po' rozzamente il paragone da forze interagenti nel nostro universo fisico, è un po' come se l'energia gravitazionale che tende a compattare l'io intorno al suo nucleo fosse costretta in qualche modo ad accordarsi con l'energia gravitazionale altrui e a cedere nello stesso tempo, almeno in parte, alla forza espansiva che anima l'universo intero.

A livello di relazioni inter-umane – e degli uomini con Dio -, questo accordo è sempre – liberamente - da costruire e da rimodellare, nella provvisorietà e nella conflittualità che scaturisce da esigenze e imperativi opposti. E poiché l'uomo non è solo istinto, ma anche pensiero e sentimento, ragione e cuore, il suo comportarsi, il suo agire sarà umano nella misura in cui sarà guidato non solo e non tanto dall'istinto (paura, piacere/dolore fisico), quanto da motivazioni che coinvolgono la sua sfera razionale e affettiva. Ha pertanto bisogno di aderire alle sue scelte con la ragione e con il cuore; in altre parole, ha bisogno di persuadersi, di essere persuaso, che una cosa per lui è utile e buona.

E questa paidèia si esercita su di lui fin dalla nascita tramite una molteplicità di agenti educativi: la famiglia, il mos maiorum, ossia i costumi tramandati e vigenti, il successivo ampliarsi delle relazioni sociali, il contatto con altri gruppi; last but not least, la qualità della relazione con Dio.

Lo sviluppo del suo pensiero critico potrà poi portarlo ad una revisione, per valutare il grado di accettabilità e il valore oggettivo delle varie indicazioni ricevute.

Ma anche quando l'uomo riconosce come utile e buono un certo modo di essere e di agire, non è detto che trovi subito e sempre la forza per scegliere volontariamente quel modo. L'uomo realista, che non si fa illusioni sul suo conto, scopre molto presto che la sua volontà di bene è sottoposta ad una distorsione egocentrica, a livello sia individuale che comunitario, che gli fa scegliere l'utile più o meno immediato al posto del bene, moralmente inteso.

Questa dicotomia, questa dissociazione e conseguente conflittualità, egli può sperimentarla sia all'interno di se stesso che nei suoi rapporti con gli altri; come singolo nei confronti della comunità di cui fa parte e anche come uomo collettivo nei confronti di altri gruppi.

Può sperimentarla nei confronti di Dio stesso, con maggiore consapevolezza man mano che passa da una sudditanza carica di timore all'incontro con un Padre esigente.

Sgorga dall'intima conflittualità dell'uomo e dalla sua capacità di scelta la necessità dell'intervento pedagogico dell'éthos e del nòmos, del costume e della legge, il primo come comportamento collettivo a indirizzo e sostegno delle scelte individuali in rapporto all'utile/bene di tutti e di ciascuno, la seconda come formulazione esplicita di comandi e di divieti.

In questa dialettica tra il singolo e gli altri, tra l'individuo e il gruppo, non è detto che l'istanza morale, rivolta al bene in assoluto, come sinonimo di zoé, cioè di vita umana compiutamente attuata secondo il disegno del suo Creatore, trovi già la sua perfetta attuazione nella comunità rispetto al singolo, o nella comunità più ampia (politica) nei confronti delle comunità minori e in qualche modo ad essa preparatorie (per es. la famiglia), per una specie di naturale maturità del più grande rispetto al più piccolo.

Perché si instauri una rete di relazioni soddisfacenti per la mente e per il cuore, perché insomma circoli amore, condivisione, solidarietà tra gli uomini, non è neppure sufficiente che il singolo si impegni a far morire in se stesso il "principium individuationis", la propria identità personale fatta di pensieri, sentimenti, desideri, almeno nella misura in cui potrebbe fare ombra o dare fastidio a quella altrui, quasi fosse questa identità, come sostenuto da certa spiritualità orientale, la radice di tutto il male, di tutte le separazioni/divisioni, quindi di tutte le sofferenze. Il puro e semplice rinnegamento di se stessi per immedesimarsi con gli altri non è la via a relazioni di mutua accoglienza.

Può anche accadere che il singolo sia portatore di una visione più alta e "profetica" del vivere rispetto ai suoi simili e al gruppo di cui fa parte: Ma per riconoscerlo, come sempre, occorrerà un punto di osservazione "esterno" alla semplice rete dei rapporti inter-umani, un punto che la ragione arriva a postulare e la fede religiosa a confermare.

Fino a quando, però, si resta nel cerchio concluso delle relazioni inter-umane orizzontalmente considerate, una certa precarietà pedagogica dell'éthos e del nòmos permane ed è soggetta a revisioni critiche (vedi il caso dei Sofisti).

Può anche succedere che l'egoismo del singolo, la sua tendenza a subordinare tutto a sé, possa non tanto essere contrastata e corretta, ma trovi la sua saldatura e la sua esaltazione nell'egoismo collettivo. " Io sono venuto nel nome del Padre mio e voi non mi ricevete; **se un altro venisse nel proprio nome, lo ricevereste**" (Gv.5,43): è qui indicata la radice dell'alienazione di massa e di ogni demagogia…

Con tutto questo, è indubbio che il controllo sociale operato dal costume vigente e il suo sanzionamento/perfezionamento da parte della legge esercita – in positivo come in negativo – un'azione plasmatrice sul singolo, di cui questi non potrebbe fare a meno per inserirsi nel gruppo e ricavarne il sostegno per vivere.

Azione plasmatrice, educatrice (da "e-ducere", tirar fuori) fatta ad un tempo di esempi, di parole persuasive e di proibizioni e costrizioni. Queste ultime, in particolare, svolgono un po' la stessa funzione che le impalcature hanno rispetto ad una casa in costruzione: occorre che la serrino con opportuni sbarramenti perché si solidifichi e non crolli sotto il suo peso. Un'ingessatura può anche dar fastidio e domani potrà essere tolta con un senso di liberazione, ma quando l'arto è ancora fragile può rendersi indispensabile.

Il bambino ha bisogno del pedagogo, l'adulto avverte l'esigenza di farne a meno e di autogestirsi liberamente. All'autoritarismo dell'Ancien Régime Kant, riecheggiando il discorso di Paolo sul passaggio dall'economia della Legge a quella della fede e della libertà in Cristo, oppone la coscienza dell'uomo adulto, giunto a maggior età attraverso un più raffinato esercizio critico della propria ragione. E pone bene in luce che l'uomo è ultimamente affidato a se stesso.

Sarà questo un criterio sufficiente per pervenire all'identificazione sicura di ciò che è utile e bene per lui? Lo stesso Kant si rende conto che il discorso non può finire con l'uomo, che il riferimento all' "oltre" è inevitabile per rintracciare il fondamento della propria istanza di "dover essere": resta da aggiungere, contro ogni intellettualismo etico, compreso quello kantiano, che quel riferimento risulta indispensabile anche per trovare veramente la forza della decisione, laddove un'ottica a corto raggio inviterebbe il cuore e la mente a perseguire obiettivi più comodi.

Normalmente questa dilatazione dell'orizzonte si opera mediante l'azione plasmatrice dell'éthos e del nòmos, persuadendo e costringendo, ove necessario, il singolo a sintonizzarsi sugli interessi e il bene della comunità di cui è parte.

Ma, ripetiamo, non è scontato che la comunità, gli altri, siano sempre dei buoni maestri e che éthos e nòmos siano senz'altro portatori di esigenze e di un'ottica coerente con lo sviluppo integrale dell'uomo. Nelle scelte del singolo, come in quelle del gruppo, ci possono essere parecchie cose da rivedere. Chi lo giudicherà? Soltanto la ragione, passando per il dialogo, il confronto, l'esperienza del vivere? Non sarà anche necessario riporsi continuamente in ascolto di una voce che viene dal profondo (l'intuizione morale originaria) e di una Parola – Verbum, Lògos - che viene esplicitamente dall'alto?

Nel primo caso l'umanità si regola come se potesse trovare esclusivamente in se stessa, nelle proprie risorse indagatrici, la luce per il proprio cammino nel tempo

Nel secondo caso riconosce e accetta una luce che viene, per così dire, dal di fuori, e a questa si orienta per il suo cammino nel tempo e oltre, dove l' "oltre" lascia intravvedere la possibilità di una vita definitivamente riuscita.

Nel primo caso, sia l'elemento persuasivo che l'elemento costrittivo insiti nell'éthos e nel nòmos esercitano la loro azione plasmatrice sul singolo, lo fanno crescere e svilupparsi in un certo modo, sempre fatto salvo quel tanto d'irriducibile che ciascuno porta con sé.

L'attenzione formativa, implicita ed esplicita, sarà rivolta per forza di cose a condizionare le scelte che riguardano i rapporti inter-umani. Come comportarsi nei riguardi degli altri, chi avere per amici o nemici, quali obiettivi di sicurezza e di sviluppo perseguire.

E nel secondo caso? In sostanza si potrebbe dire che non cambia molto per quanto concerne la maggior parte di questi obiettivi; cambia molto, se mai, quanto alla possibilità di giudicare la pertinenza dei nostri comportamenti con gli obiettivi perseguiti, nonché la loro congruità con una visione del mondo che includa la dimensione verticale del vivere.

In una prospettiva esclusivamente immanentistica e antropocentrica potrebbero manifestarsi al nostro sguardo critico delle grosse falle circa la fondatezza e la coerenza del nostro modo di comportarci, ponendoci dei problemi di ardua soluzione: ad esempio, perché il "dovere"?, perché il sacrificarsi?, perché non badare soltanto al nostro tornaconto?

In una prospettiva religiosa, in cui, in particolare, il volto di Dio giunge a rivelarsi nella sublimità dell'annuncio cristiano, il nostro discernimento non poggerà unicamente sulle conclusioni aleatorie, e non di rado contraddittorie, derivanti dal confronto e dall'esperienza, ma, pur conservando quel tanto d'incompleto che è proprio di tutto ciò che appartiene a questo mondo, tale discernimento si ancorerà a quella "verità tutta intera" (Gv. 16,13) verso cui lo Spirito guida chi lo accoglie.

Per il credente non viene meno la fatica del percorso, ma la giusta direzione è assicurata da una luce che viene dal di fuori del perimetro chiuso di un'umanità sicura di bastare a se stessa.

Che dunque il pedagogo sia la comunità umana che si ritiene autosufficiente, con i suoi costumi, le sue leggi e la sua esperienza di vita (la storia come "magistra vitae"), o che invece, attraverso di essa, i suoi costumi, le sue leggi, la sua storia, sia Dio, in virtù della sua signoria universale sugli uomini e sulle cose, non è differenza da poco ai fini della condotta umana su questa terra.

Se è l'uomo stesso, la comunità umana, l'umanità presa nel suo insieme, in totale autonomia e autosufficienza, l'origine e la depositaria dell'attività pedagogica di formazione, da un lato non sarà facile giustificare, al vaglio spregiudicato della ragione, l'assolutezza avvertita dell'obbligazione morale, il tono perentorio di aut-aut con cui si palesa alla coscienza chiamata a decidersi, e solo con operazioni mentali assai riduttive potrà essere ricondotta e assimilata alla ricerca dell'utile individuale e sociale; d'altro lato, non essendovi nulla che eccede le relazioni inter-umane, sarà altrettanto difficile trovare un criterio "oggettivo" per giudicare la qualità del bene cercato, e, in linea generale, il bene ritenuto tale dalla comunità finirà per imporsi, con le buone o con le cattive, sul bene percepito dal singolo, per una semplice questione di rapporti di forza, senz'alcuna garanzia esterna che la strada presa sia veramente buona.

Parafrasando la relatività einsteiniana, l'universo che noi conosciamo è quello che possiamo conoscere nella situazione in cui ci troviamo.

Tutt'al più saranno da registrare tensione e scontro tra individuo e comunità, oppure piena assimilazione del primo ai modi di essere e di vivere della seconda, dall'identificazione col clan o all'etnia, fino allo Stato etico di hegeliana memoria.

Se, al contrario, si accetta che, al di sopra del singolo, della comunità, dell'umanità intera, si debba tener conto di un'Autorità assoluta – possibilmente non di tipo kafkiano… – cui l'uomo è chiamato a rispondere della vita che da essa gli è stata donata, i problemi di cui sopra potrebbero avviarsi a soluzione, per l'emergere di un fondamento e di una direzione univoca offerta alla libera scelta dell'uomo e garantita da una Verità piena e assoluta che non è da costruire, ma già c'è e si fa conoscere ("Io sono la Via, la Verità e la Vita" Gv.14, 6).

Questo, evidentemente, diventa possibile qualora il Dio di cui si fa conoscenza non coincide e non si lascia in alcun modo ridurre ad un prodotto della (per sé, comunque, già significativa) religiosità naturale dell'uomo, non diventa un Dio razionalmente circoscrivibile e quindi a misura d'uomo (per intenderci, il Dio di Senofane, di Feuerbach, di Marx e dei loro continuatori).

Quello di cui l'uomo ha bisogno per un approdo fondativo al vero bene non è un idolo, un manufatto o un mente-fatto, ma un Dio che si auto-rivela sorprendendo e, per così dire, liberando l'uomo dalla chiusura in se stesso. Paradossalmente l'uomo impara a conoscere se stesso e a discernere le motivazioni ultime del suo agire, se viene a contatto col mistero assoluto di Dio, e di un Dio d'amore.

Ed è necessario che da parte dell'uomo la fede rimanga fede, giustificata dalla sua ultima ragionevolezza, ma non coartata nell'ambito chiuso di un'evidenza razionale (il che è potuto anche avvenire, per esempio, in una certa declinazione del tomismo – non del pensiero di san Tommaso -, in ogni forma di "teismo" o di gnosi, o perfino nell'Islam, dove fideismo e razionalismo sembrano darsi la mano). Una fede che si trasformi in pura evidenza razionale dà luogo ad una "religione naturale", si "naturalizza" e perde radicalmente il suo carattere liberatorio di dono salvifico e di luce che viene dall'alto.

Ora, se è giusta la nostra analisi, secondo la quale l'uomo può gestire e orientare la sua vita su questa terra secondo due, e soltanto due, alternative fondamentali: quella meramente "orizzontale" dell'autosufficienza e quella che fa spazio alla dimensione "verticale" dell'apertura e
della dipendenza da un Creatore e Signore - che lo fa vivere e lo invita a scegliere se cercare Lui o cercare

unicamente se stesso - , gli sviluppi possibili, sul piano pratico, possono essere anch'essi di due tipi.

Secondo il primo tipo, una pedagogia orizzontale, una formazione dell'uomo in un'ottica di totale autonomia, sarà sottoposta esclusivamente all'autorità e al potere di altri uomini. Distinguiamo fra autorità e potere in corrispondenza alla distinzione tra l'aspetto di persuasione/proposta e l'aspetto di coercizione inclusi in ogni pedagogia.

Avremo dunque l'autorità e il potere esercitato dal mos maiorum, dal costume (éthos) vigente, impersonato dal mondo famigliare e da forme comunitarie via via forse meno coinvolgenti, ma ampie e complesse (etnia, popolo, nazione, Stato, comunità internazionale).

Quando i vincoli famigliari, tribali, gli stessi vincoli culturali e religiosi, i vincoli economici, giungono a subordinarsi e a confluire in una struttura unitaria, che viene vissuta come la sintesi suprema delle relazioni tra gli uomini entro un determinato territorio di appartenenza, si ha l'emergere di quello che, in termini moderni, può chiamarsi senz'altro Stato, sia esso caratterizzato da forme ampiamente partecipative, come già nella polis greca, o da forme più autoritarie, come principati, regni, imperi e così via. Siamo alla sintesi "politica" vera e propria, che, come tale, esige e favorisce una coscienza riflessa dell'identità del gruppo.

Un'identità che era senz'altro già in formazione attraverso i comportamenti collettivi, ma che ora può giungere ad una maggiore consapevolezza di sé ed esprimersi in una precisa regolamentazione della vita del gruppo tramite l'emanazione di leggi e l'indicazione di traguardi ben definiti. Dall'éthos al nòmos, dalla vita nella sua pregnante immediatezza, alla legge come espresso indicatore di direzione.

Una volta raggiunto questo stato di consapevolezza razionale, è aperta la via ad una possibile tensione tra éthos e nòmos, ossia ad una continua revisione critica dei comportamenti vigenti e delle norme stabilite in precedenza in rapporto ad un particolare status della vita del gruppo. La ragione giudica la vita.

A noi qui interessa in particolare, ai fini della riflessione che ci siamo proposti all'inizio, il problema seguente: chi detiene l'autorità e il potere di orientare e incanalare la vita di tutti all'interno di un gruppo che abbia raggiunto lo stadio di aggregazione "politica"?

Il dux, colui che detiene il potere politico di condurre...il gregge (sospendendo per il momento ogni accezione negativa del termine per la sensibilità moderna), dunque il capo politico – o i capi politici, anche se spesso la necessità della sintesi unitaria porta ad un accentramento e ad una personalizzazione del potere –.

Questi detiene soprattutto il potere coercitivo, per quanto possa non disinteressarsi affatto – anzi! – di procurarsi autorità come persuasore, maestro e modello. In questa seconda veste potrà comunque essere affiancato e coadiuvato da altre "autorità", dal minore potere coercitivo, ma di forte impatto pedagogico: saggi, esperti, "intellettuali", perfino sacerdoti come gestori di una qualche forma di rapporto col divino.

Col tempo potrà anche avvenire che si generi tensione tra il detentore del potere politico e gli altri "educatori": scribi, sacerdoti, profeti, sofisti, intellettuali, ecc.

Potrà forse sorprendere che tra i persuasori abbiamo collocato anche i sacerdoti. Ma, a parte il fatto che l'esperienza dell'antico paganesimo offre ogni possibile conferma a questo riguardo, se il problema primario di una comunità politicamente costituita è quello della propria "salvezza", intesa come autoconservazione e sviluppo, la dimensione politica e il conseguente esercizio del potere politico incarnano necessariamente la sintesi suprema, cui ogni altra prospettiva – famigliare, tribale, culturale, religiosa – finiranno per subordinarsi.

Si è tante volte osservato che le religioni politeiste danno luogo a forme di culto e di comportamento in cui ha una forte preminenza l'attitudine del "do ut des", dell'omaggio reso alla divinità perché questa, in cambio, storni le minacce e i pericoli e accordi vita e successo. Gli dei sono gli dei della "città", della polis, del regno, dell'impero; tra gli dei e la città si concepisce un rapporto di scambio che garantisce ai primi offerte e riconoscimenti, alla seconda il consenso e la protezione nelle scelte che opera.

Anche quando, e accade spesso, prima di decidere un'azione, un comportamento, si interpella con vari strumenti la volontà del dio, resta evidente che a condurre i giochi è in primo luogo il calcolo politico, la presunta utilità o meno, razionalmente ponderata, di una certa iniziativa.

Semplificando, si potrebbe dire che la logica "orizzontale" si esprime nel seguente atteggiamento: l'uomo propone e dispone e dio...ratifica. Non è già il senso del ben noto "Gott mit uns" (Dio con noi), mutuato certo dalla Bibbia, ma declinato in senso palesemente "orizzontale"? Si confronti, se mai, a questo riguardo, la seconda tentazione di Gesù nel deserto, Mt.4,5-7.

In quest'ottica tendenzialmente antropocentrica, il sacerdote, custode e interprete di una religione "naturale", assai poco si distingue dallo scriba, dal sapiente, che perlopiù non contraddice, ma affianca e giustifica l'opera di chi detiene il potere politico, il sommo potere di direzione e di guida della comunità (del "gregge"); in termini più moderni, anche il sacerdote, come lo scriba, il saggio, il consigliere diplomatico, svolge la funzione che Gramsci avrebbe chiamata dell' "intellettuale organico".

La comunità politica pensa di essersi così dotata dei mezzi necessari alla sua conservazione e al suo sviluppo: una struttura di comando, strumenti di coercizione e di persuasione al suo interno, una forza di difesa ed eventualmente di offesa: tutto quanto pensa possa servirle per "salvarsi".

Il problema della "libertà" riconosciuta al singolo o ai gruppi all'interno del "corpo politico" unitario, o addirittura ad altri corpi politici più o meno antagonisti, trova la sua soluzione in rapporto a questa esigenza primaria di auto-salvezza della comunità politica nel suo insieme. Nella misura in cui la vita della comunità politica - e quindi la vita di un popolo, di una nazione – appare minacciata, va da sé che la libertà d'iniziativa o di dissenso del singolo, o dei gruppi minori, viene limitata o repressa. Socrate era sentito come un pericolo per la polis e gli fu data da bere la cicuta. Ancora più eloquente la deduzione di Caifa: "Meglio che muoia un uomo solo per il popolo e non perisca l'intera nazione" (Gv.11,50).

Si potrebbero prendere in esame molti altri aspetti e conseguenze di questa prima alternativa che abbiamo chiamato "orizzontale", ma per la riflessione che ci siamo proposti può bastare.

Che cosa cambierebbe, invece, se a imporsi (cosa assai difficile) fosse l'alternativa del secondo tipo, , quella "verticale", secondo la quale un determinato gruppo umano, una comunità di uomini, pur magari già politicamente strutturata, si sentisse continuamente pungolata ad alzare gli occhi al cielo, oltre se stessa, oltre il mondo intero, da un dio onnipotente, onnipresente, da cui tangibilmente dipende – come l'esperienza ha dimostrato – la sua stessa sopravvivenza, ossia la sua "salvezza"?

Abbiamo appena detto che questa seconda alternativa, se si guarda all'insieme della storia umana così come fino ad oggi la conosciamo, è piuttosto remota, difficile da verificarsi, date le propensioni auto-centriche dell'uomo, e tuttavia almeno un caso è registrabile: è la storia dell'Antico Israele, unico fra tutti i popoli della terra ad aver dovuto fare i conti con un Dio tanto imprevedibile quanto incombente, e l'unico, di conseguenza, ad aver derivato da questa sua esperienza un'identità incancellabile e inconfondibile attraverso i millenni.

Ogni tentativo razionalista di omologazione non si sostiene davanti all'evidenza dei fatti. Israele ha avuto il singolare – e scomodo – destino d'imparare a conoscere se stesso man mano che il suo Dio gli si faceva conoscere, di derivare la sua identità più profonda dall'elezione operata da Dio nei suoi confronti e dalla tensione che sempre ha dovuto drammaticamente rivivere tra la naturale tendenza a salvarsi da sé e la richiesta del suo Dio di lasciarsi salvare da Lui, diventando in questo un'icona vivente del destino (o della vocazione) dell'uomo.

Attraverso vicende avvertite come straordinarie e traumatiche, Israele viene nel tempo maturando la coscienza che il suo stesso costituirsi come popolo, come nazione e, da un certo momento in poi, anche come "Stato", è dipeso non tanto dalla sua iniziativa e dalle sue forze, quanto dall'intervento potente e risolutivo di un Dio che l'ha voluto, lo ha raccolto da altri popoli, lo ha fatto passare per esperienze dolorose di schiavitù, lo ha liberato e lo ha condotto ad abitare una terra che apparteneva ad altri e che il suo Liberatore gli ha assegnato, perché vi abiti e viva come il popolo scelto dal Dio unico per essere suo testimone in mezzo alle genti.

Essere il popolo scelto, eletto, dal Dio unico e vero, signore del cielo e della terra, comporta che la dimensione verticale assuma un'intensità mai conosciuta altrove. Qui il "pedagogo" non è la comunità in quanto tale, ma questo Dio da cui non si può e non si deve assolutamente prescindere, per una questione di vita o di morte. La qualità, il valore di questa paideia non è valutabile secondo categorie di semplice saggezza esperienziale, o di pura razionalità: la sapienza, la ragione fanno la loro parte, non sono mai umiliate da questo Dio, ma sono chiamate ad aprirsi ai Suoi pensieri, alle Sue vie (cfr. Is. 55, 8-9), perché Lui è la fonte primaria di tutto, ivi compresa la ragione e la sapienza. Dio eccede i pensieri e la sapienza dell'uomo, come ne eccede la potenza, e da questo deriva anche l'imprevedibilità delle sue iniziative e delle sue richieste rispetto ai calcoli dell'umana prudenza.

Ecco perché il rapporto con questo Dio è difficile e drammatico fin dall'inizio, e l'uomo, che pure in Lui intuisce la sua origine, la sua destinazione e la sua suprema felicità, si trova immesso in un percorso a ostacoli, in cui viene continuamente testata la sua fede, la sua fiducia in questo incontrollabile Salvatore.

Il Dio d'Israele guida e salva il suo popolo, ma non è a disposizione di Israele; se mai è quest'ultimo che deve accettare l'esproprio della propria sicurezza in se stesso.

Il Dio d'Israele è il Dio di tutta l'umanità, Dio dell'universo che Egli ha creato, e Israele, piccolo e debole, per il fatto di questo suo rapporto speciale di elezione col Dio unico e vero non deve sentirsi in una botte di ferro e credere di poter ormai provvedere a se stesso secondo le proprie umane vedute e risorse, attendendosi da Dio soltanto la benedizione e la ratifica delle sue iniziative: sarebbe vivere come gli altri popoli che non conoscono ancora il vero Dio.

Israele dovrà ascoltare sempre il suo Dio, imparare a conoscerlo come Lui si fa conoscere, amarlo, restargli fedele nel profondo del cuore, fare la sua volontà: solo così diverrà "luce per illuminare le genti" (Lc.2,32), troverà e indicherà al mondo la via della vita e della salvezza.

Cammin facendo, imparerà a sue spese quanto i suoi pensieri e le sue vie – semplicemente umane – siano lontane, se non antitetiche, ai pensieri e alle vie di Dio e non gli resterà che affidarsi senza sosta alla misericordia e al perdono – ossia all'amore eternamente fedele – del suo Creatore e Salvatore.

Questa pedagogia troverà il suo coerente ed estremo compimento nella persona del Figlio, nella "nuova ed eterna Alleanza".

Ma restiamo per il momento nell'ambito dell'Antica, per renderci meglio conto di quali cambiamenti, in concreto, questa prospettiva "teocentrica" solleciti e provochi rispetto al prevalere di un'ottica antropocentrica.

Possiamo anzitutto chiederci: da questa peculiarità "verticale" della sua esperienza storica, l'antico Israele – ossia l'Israele prima della caduta di Gerusalemme nel 70 d.C. – può definirsi una teocrazia?

La risposta dipende molto dal significato e dalle sfumature di significato, più o meno polemiche, che si vogliono attribuire a questo termine. Se si intende che l'esperienza storica d'Israele è conforme al "progetto" di Dio, non sfugge alla sua sovranità anche se spesso risulta segnata dall'infedeltà verso di Lui, questo è vero, ma, per chi crede, lo è allo stesso modo anche la storia di tutti gli altri popoli, la storia universale.

Fu giustamente osservato che tutti gli uomini, l'umanità nel suo insieme, non sono in grado di annullare il disegno di Dio: chi crede in Lui, compie, o cerca di compiere, la Sua volontà consapevolmente; chi non crede, la compie suo malgrado...

Hegel aveva colto bene questo aspetto, assegnando la conduzione della storia allo Spirito Assoluto e affermando, di conseguenza, che "tutto ciò che è reale è razionale". Solo che lo Spirito Assoluto, nel suo intrinseco razionalismo, non lascia spazio alla libertà dell'uomo: la Storia si sviluppa secondo una legge intrinseca inesorabile, e Marx- ed Engels fecero tesoro di questo insegnamento…

Il Dio della Bibbia, nel suo mistero inattingibile – "Nulla è impossibile a Dio" (Lc. 1,37), proprio perché Dio – non è costretto dalla razionalità umana, e neppure dalla Matematica, come tendeva a pensare Galileo…, ma rende possibile gli opposti, il suo disegno e la libera scelta dell'uomo.[Il che non significa, en passant, che Egli agisca in modo arbitrario, come tende a pensare l'Islam quando ripete con enfasi che "Dio fa quel che vuole"]. Egli, che è somma coerenza d'amore, non è una Legge, ma ne assegna una, in diverso modo, alla natura e agli uomini: a questi ultimi la "dona" per insegnare loro come scegliere la vita invece della morte.

Quindi gli uomini hanno spazio per decidere, pur nel quadro della signoria di Dio ("teocrazia", appunto), e questo spazio ce l'ha anche Israele, che tanto spesso si sottrae all'invito del Dio che lo ha scelto come suo popolo tra i popoli. Si sottrae il popolo, ma soprattutto le sue guide, i capi politici in particolare, e poi sacerdoti e (falsi) profeti, sedicenti suoi portavoce.

Certo, il "pastore" d'Israele è Dio, in modo assai più esplicito e pervasivo rispetto all'esperienza degli altri popoli. Dio è il pedagogo, la guida del suo popolo (S. 95, vs.7). Ma Dio, trascendente, invisibile ad occhio umano, Mistero inviolabile, agisce sull'uomo attraverso l'uomo.

Come per manifestarsi e farsi conoscere da tutti gli uomini si sceglie un popolo e lo fa suo testimone, così affida l'uomo a se stesso, alla sua intelligenza, al suo cuore. Facendolo creatura libera di volere e di decidere, nella misura in cui gli mostra la via da seguire per arrivare stabilmente alla vita, ne attende un sì o un no

Questo vale per il singolo e per la comunità di cui fa parte. Il singolo deve scegliere come vivere e prendere il controllo di se stesso per imporre liberamente la scelta buona – secondo Dio –a quella parte recalcitrante che scopre continuamente dentro di sé.

Così la comunità, l'intero popolo, è chiamato dal suo Dio a fare la volontà di Lui e non la propria, ogniqualvolta la prima confligge con la seconda, e questo non da schiava, ma liberamente riconoscendo, nella fede, che la volontà di Dio è il bene vero del popolo e la sua suprema utilità.

Dio ama il suo popolo di un amore di predilezione, vuole condurlo alla pienezza di vita, alla felicità, e per questo gli indica la strada da seguire, anche facendogli dono di una Legge.

Per l'israelita che crede nel suo Dio, che è per lui il Dio d'Israele, ma anche l'unico Dio vero di tutti gli uomini, la Torah è legge, dono, guida, ammaestramento per ogni scelta da compiere, luce quotidiana che rischiara il cammino della vita.

Questa Legge, però, che è qualcosa di più di un semplice codice, ma è racconto, testimonianza, di una storia, di un'esperienza collettiva di elezione e di salvezza da parte di Dio, ha bisogno di incarnarsi nel comportamento dei singoli e della comunità: è stata data per diventare vita di tutti i giorni.

Ne consegue che dev'essere continuamente ripresa, meditata, applicata in un'incessante pedagogia da uomo a uomo.

E se in Israele ciascuno è chiamato a farsi parte attiva in questa comunicazione, in questa reciproca educazione a servire Dio, anche in Israele, come in seno ad ogni altra comunità, ci sono coloro cui compete un ruolo speciale di richiamo, di illuminazione e, all'occorrenza, di coercizione. Sono in qualche modo gli inviati, i plenipotenziari di Dio, da Lui incaricati di far conoscere la Sua volontà e di farla tradurre in pratica.

All'inizio della storia d'Israele questo ruolo è affidato da Dio stesso ad un capo "carismatico", che si sente costantemente fragile strumento nelle mani di Dio. Dopo i Patriarchi, è la figura di Mosè che assume un ruolo fondativo e direttivo. Tuttavia "Mosè era un uomo molto umile, più di qualsiasi altro sulla terra" (Num. 12,3).

Una volta che il popolo si sarà installato nella "terra promessa" (da Dio), saranno altri capi carismatici, anche se non comparabili a Mosè – i cosiddetti "giudici" – a riunire in sé il ruolo di guide spirituali, di arbitri e di condottieri.

Con l'instaurazione della monarchia, "concessa" da Dio ad un popolo ormai sedentarizzato che aspira a darsi strutture civili simili a quelle degli altri popoli per assicurare la propria stabilità, si comincia a cogliere più nettamente la differenza/separazione fra il ruolo prevalente di persuasione/educazione, esercitato perlopiù da sacerdoti e profeti, e quello più squisitamente impositivo/costrittivo proprio di chi si trova a reggere una comunità ormai costituitasi a livello politico. Con Saul e poi definitivamente con Davide s'impone la figura del re.

E per quanto il re d'Israele sia tenuto, assai più esplicitamente che altrove, a fare e a far rispettare la volontà di Dio, evitando, tra l'altro, ogni auto-divinizzazione, il fatto che egli operi a livello di sintesi politica, con una preoccupazione immediata e diretta per i problemi di convivenza all'interno e di sopravvivenza nella stretta dei vari imperi circostanti all'esterno, lo porta, per così dire, a slittare facilmente verso un'ottica "orizzontale", non di rado entrando così in conflitto con sacerdoti e profeti (questi ultimi, soprattutto).

Qui si coglie bene tutta la tensione – che è poi intrinseca alla condizione umana qua talis – tra le esigenze dell'hic et nunc e le esigenze dell' "oltre", tra la terra e il Cielo, da cui il Dio d'Israele si fa sentire con forza. Antropocentrismo contro teocentrismo.

Quando la monarchia verrà spazzata via sotto i colpi delle invasioni assire, prima, e babilonesi poi, al ritorno dall'esilio verrà costituendosi una forma, questa volta sì, più "teocratica" di governo, nel senso che la classe sacerdotale surrogherà in buona parte anche il potere politico, in una situazione di permanente precarietà, dovuta alle successive dominazioni dei monarchi ellenistici e poi dei Romani.

Col venir meno anche della funzione critica dei profeti, controcanto al potere regale nella sempre richiamata necessità di restar fedeli all'Alleanza con Jahvé, la funzione educativa e quella politico-costrittiva tendono a saldarsi nelle mani dei sacerdoti e degli anziani del popolo, anche se il potere politico effettivo, quello dei nuovi padroni, limita di molto il potere di comando che era appartenuto alla monarchia. Quindi...una teocrazia dimezzata...

In ogni caso, quello che qui soprattutto importa rilevare è che l'esperienza della monarchia in particolare, la sua instaurazione in mezzo a non poche resistenze e riserve, la costituzione di un regno unitario e la sua rapida scissione, la successiva perdita dell'indipendenza nazionale e la parziale surroga post-esilica del potere politico nelle mani della classe sacerdotale, hanno condotto Israele a sperimentare dolorosamente le conseguenze del conflitto sempre latente tra le tendenze all'autosufficienza di una comunità che vorrebbe regolarsi in base ai propri calcoli di utilità immediata e le prospettive a lungo termine di Dio.

Osserva acutamente l'autore di Qohelet, 3,11: " Egli (Dio) fa bella ogni cosa a suo tempo; al loro cuore (cioè a quello degli uomini) dona pure il senso della durata, senza che l'uomo possa scoprire l'opera che Dio fa dal principio alla fine".

"Dona pure il senso della durata"; la versione inglese della Bibbia di Gerusalemme restituisce magnificamente il senso di questo passo: " but although he has given us an awareness of the passage of time, we can grasp neither the beginning nor the end of what God does" ["ma, benchè Egli ci abbia dato una consapevolezza del passaggio del tempo, noi non possiamo afferrare né l'inizio né la fine di ciò che Dio fa"].

In altre parole: Dio vede oltre il tempo, l'uomo solo nella misura in cui si lascia illuminare e guidare da Dio. Per cui il giudizio sull'utile e il bene formulato in un'ottica temporale, umana e limitata, non può coincidere con il giudizio di Dio, a meno che l'uomo si affidi con fiducia al suo Creatore e Salvatore.

L'ottica "politica", espressione della sintesi suprema (Schmitt) in un orizzonte temporalmente limitato e razionalmente circoscritto, ha una sua logica e delle precise conseguenze nell'orientare la vita dell'uomo sulla terra; l'ottica "religiosa", o per meglio dire, nel caso specifico d'Israele, l'ottica di Dio, trascende e in parte continuamente contesta e corregge l'ottica "orizzontale" dell'uomo che inclina immancabilmente verso l'autosufficienza, illusione letale da cui Dio solo può liberarlo.

Tutta la polemica dei profeti contro la propensione "orizzontale" del popolo e dei suoi capi (Osea, 11,7: " Il mio popolo è duro a convertirsi:/ chiamato a guardare in alto / nessuno sa sollevare lo sguardo"), contro la tendenza a confidare in risorse e alleanze puramente umane, costituisce un'incessante denuncia dell'auto-confinamento nel perimetro ristretto del semplice calcolo politico, del ragionare e far di conto (loghìzesthai) riservando a Dio tutt'al più il compito di ratifica benedicente. E' questa la hybris, l'arroganza più o meno consapevole di un uomo che si pone come solo arbitro di se stesso e del proprio destino: per la Bibbia questo è il peccato, da cui discendono tutti gli altri e da cui solo Dio, se invocato, può liberare.

Questa lezione che Israele – o piuttosto i veri "giusti", i veri credenti in seno ad esso – trae dalla sua tormentata vicenda, lezione che nessun altro popolo ha maturato, né poteva maturare con altrettanta forza e chiarezza, rischiara ulteriormente la peculiarità dell'ottica politica rispetto a quella dell'ottica religiosa, non riducibili l'una all'altra.

Se, come abbiamo notato all'inizio, ogni pedagogia - data la natura intimamente conflittuale dell'uomo, "carne" e "spirito" -, comporta un elemento propositivo/persuasivo e un elemento di dissuasione, anche Dio ovviamente segue questo metodo educativo:

chiama, insegna, promette, aiuta, salva, e al tempo stesso mette in guardia, punisce la disobbedienza, il rifiuto della sua amicizia.

Questa punizione Egli la esercita nei tempi e nei modi che giudica opportuni e non secondo le attese impazienti dei credenti. La esercita nei modi più svariati, e quindi, non di rado, anche attraverso il potere di comando che ha voluto sussistesse in ogni comunità in vista della sua coesione.

Ma se Dio agisce prevalentemente per interposta persona, ci si può chiedere, guardando all'esperienza del popolo eletto, se Egli assegni in egual misura, indifferentemente, l'opera di persuasione e quella di dissuasione/coercizione ai suoi delegati, ossia alle guide religiose e politiche. Ora, è interessante notare che, man mano che la funzione di guida religiosa si distingue e si separa da quella politica, la prima assume sempre di più il compito propositivo/persuasivo, la seconda quello impositivo/coercitivo.

C'è indubbiamente maggior libertà di accogliere o rifiutare il consiglio e l'insegnamento del profeta e del sacerdote, che si rivolge all'uomo "interiore", di quanto ve ne sia di obbedire o disobbedire al potere politico, che ha competenza, per così dire, soprattutto sull'uomo "esteriore".

L'ideale sarebbe che l'uomo si comportasse di fuori come sente e pensa di dentro, ma al capo politico può ben bastare il di fuori. Per questo le sanzioni sono comminate da chi detiene il <u>potere</u> politico, le esortazioni e gli avvertimenti sono rivolti da chi è investito di <u>autorità</u> spirituale. (Il profeta, per richiamarci al Machiavelli, è sempre un po' "disarmato").

Dio solo unisce indissolubilmente autorità e potere e Lui solo può sanzionare la disobbedienza, il rifiuto interiore, che spesso da fuori non è percepibile. Dio solo, in altri termini, ha potere sui corpi e sulle coscienze ("può far perire l'anima e il corpo nella Geenna" Mt.10,28).

Ma questo ha evidenza solo per il credente; chi non crede, l'"empio" secondo il linguaggio biblico, può benissimo pensare di farla franca e spesso i fatti, almeno nel breve periodo, sembrano dargli ragione. Per questo solo il potere umano risulta praticamente coercitivo, perché a questo nessuno può concretamente sottrarsi, sia chi crede, sia chi non crede: al padre, al datore di lavoro, al capo militare o politico, al capo religioso investito anche del potere politico, non si può negare ubbidienza senza incorrere in una punizione. Con Dio, soprattutto per quello che pertiene all'adesione interiore alla sua volontà, sussiste quello spazio di incertezza di cui può beneficiare sia il non credente che il credente: il primo perché per lui Dio non esiste o non si cura dei comportamenti dell'uomo, il secondo perché, se lo riconosce come un Padre buono e misericordioso, può sempre sperare nella sua pazienza e misericordia.

A differenza della Legge, e aldilà di essa, Dio cerca non l'adeguamento ad una norma, timoroso, cauto, orgoglioso, che dir si voglia, ma un'adesione del cuore come risposta d'amore: di qui il sempre più manifesto rivolgersi alla libertà dell'uomo, man mano che dall'Antica si passa alla Nuova Alleanza, dalla Legge alla fede, come direbbe san Paolo. "Dove c'è lo Spirito del Signore c'è libertà"(II Cor.3,17); "Voi, infatti, fratelli, siete stati chiamati a libertà"(Gal.5,13).

Nel suo ultimo incontro con i Dodici prima della sua morte in croce, Gesù dice loro: " Voi siete miei amici, se farete ciò che vi comando. Non vi chiamo più servi, perché il servo non sa quello che fa il suo padrone; ma vi ho chiamato amici, perché tutto ciò che ho udito dal Padre l'ho fatto conoscere a voi" (Gv.15, 14-15).

Qui, nel passaggio dall'Antica alla Nuova Alleanza, la pedagogia divina svela compiutamente il suo obiettivo: non l'obbedienza esteriore e "contrattuale" dell'uomo a Dio, ma l'amicizia dell'uomo con Dio, il suo vivere in intimità d'amore con il Dio che lo ha fatto esistere. Se accolto, Dio chiede e al tempo stesso fa dono di questa amicizia alla sua creatura prediletta, mettendola a parte del Suo disegno, della Sua intenzione, rivelandole chi Egli è. "L'ho fatto conoscere a voi": questa conoscenza d'amore tra Dio e l'uomo alimenta e sostiene la fede (fiducia) dell'uomo, toglie progressivamente il timore servile, fa capire come la stessa Legge si configuri come uno strumento educativo transeunte, come aiuto e indicatore di direzione per la debolezza umana, in vista di un'obbedienza veramente filiale.

Scrutando nel profondo la novità dell'evento cristiano, san Paolo osserva in Galati 3, 23-28: " Prima però che venisse la fede, noi eravamo rinchiusi sotto la custodia della legge, in attesa della fede che doveva essere rivelata. Così la legge è per noi come un pedagogo, che ci ha condotto a Cristo, perché fossimo giustificati (cioè: resi giusti) per la fede. Tutti voi infatti siete figli di Dio per la fede in Cristo Gesù, poiché quanti siete stati battezzati in Cristo, vi siete rivestiti di Cristo. Non c'è più giudeo né greco; non c'è più schiavo né libero; non c'è più uomo né donna, poiché tutti voi siete uno in Cristo Gesù".

Poiché dunque, fin dall'inizio, l'uomo può essere raggiunto da Dio nella sua interezza, nell'esteriorità della sua esistenza carnale come nell'interiorità del suo spirito, poiché il sì che Dio attende da lui è un sì totale, senza doppiezza e senza ipocrisia, nel rapporto di intimità reso possibile dalla Nuova Alleanza l'elemento coercitivo ancora presente nella Legge è destinato a dissolversi : la Legge dell'Antica Alleanza conserva il suo valore di indicatore della volontà di Dio, ma viene interiorizzata nel rapporto di fiducia e di amore.

Non un Super-ego, dunque, un minaccioso gendarme interno, il Principe Padre di manzoniana memoria, ma una guida, assunta e inverata nella persona del Figlio, "Via, Verità e Vita".

Per questo Giovanni, nella sua I lettera, 4,18 può concludere: "Nell'amore non c'è timore; al contrario, l'amore perfetto scaccia il timore, perché il timore suppone un castigo e chi teme non è perfetto nell'amore". Fin che perdura il suo infantilismo spirituale, l'uomo teme; nella misura in cui approda – per grazia di Dio – ad una fede adulta, non teme più e ogni coercizione diventa inutile.

Il permanere, o addirittura la reintroduzione di un sistema di regole e di inibizioni a prescindere dalla nuova situazione invaliderebbe alla radice il rapporto di fiducia e d'amore. "O stolti Galati, [...] siete così privi d'intelligenza che, dopo aver incominciato con lo Spirito, ora volete finire con la carne?" (Gal. 3, 1...3).

Dunque l'aspetto coercitivo è legato alla "carnalità" dell'uomo: quando e nella misura in cui questa viene assunta e trasformata dal Figlio fatto carne, la coercizione non ha più ragion d'essere, perché la libertà – liberata – non è più appesantita dall'intrinseca ribellione a Dio dell'uomo "carnale".

Alla luce del Nuovo, si può dunque dire che la pedagogia di Dio nel Vecchio Testamento nei confronti d'Israele – e più in generale di tutti gli altri popoli – contiene quell'elemento di coercizione, rivolto alla "carnalità dell'uomo",, che è proprio anche del potere politico, così come, in altra forma, dell'éthos e del nòmos. Tant'è che, nella conduzione del popolo eletto, Dio si avvale anche del potere politico, conferito al capo carismatico come al re o ai sacerdoti e agli anziani nella semi-teocrazia post-esilica. Il popolo eletto è costituito, infatti, secondo l'economia "carnale" vigente dovunque, in una particolare etnia, in un popolo e in uno Stato secondo i modelli correnti, di tipo appunto politico.

Ma quando, attraverso il Cristo, s'instaura "la nuova ed eterna alleanza", questo sistema "carnale" lascia il passo alla costituzione di un nuovo popolo, in cui gli elementi etnici, culturali e politici non hanno, non devono più avere, un peso effettivo nella sua coesione e fedeltà a Dio.

L'elemento carnale viene, per così dire, bruciato dal fuoco dello Spirito di Dio. E' quanto sinteticamente afferma il passo di Gal.3,28 sopra riportato: "Non c'è più giudeo né greco…").

Il potere terreno, ed in particolare quello politico, mira ad ottenere, specie attraverso il nòmos, l'obbedienza e possibilmente l'adesione interiore dell'uomo nelle cose che riguardano la vita comune, meglio ancora la vita pubblica e cerca di piegare le resistenze con la sicurezza immediata della sanzione: chi sbaglia paga (o così dovrebbe).

Può essere più o meno coinvolto nel compito di far rispettare le esigenze del rapporto col divino (quelle della dimensione "verticale"), ma quando interviene in questo campo tende per sua natura più a salvaguardare se stesso e la comunità che a sintonizzarsi sulla volontà di Dio: è il caso frequente del paganesimo classico e non certo infrequente neppure in Israele. In ogni caso, esso può pensare di rivolgersi a tutto l'uomo solo in una prospettiva di immanentismo e antropocentrismo sostanziale e in quest'ottica può pretendere di assumersi in toto la formazione dell'uomo, con la persuasione e la coercizione.

Il potere e l'autorità di Dio, come si evidenzia nel caso di Israele, non trascura la carnalità dell'uomo, ma se pure, in una prima fase pedagogica, quella della Legge, utilizza anche il rigore della sanzione e il timore che essa incute, in sostanza, e fin dall'inizio, tende ad aprire un orizzonte diverso, in cui la Legge è parola di aiuto, di indirizzo e di conforto, in vista di un suo superamento in una logica di amore. E al raggiungimento di questo obiettivo supremo il potere coercitivo dato all'uomo sull'uomo serve sempre meno, anzi può diventare pietra d'inciampo nel cammino verso la vita. Per questo il nuovo popolo di Dio, la Chiesa, non è – e non deve trasformarsi in - un'unità politica!

Il potere politico può anche illudersi di rappresentare la sintesi suprema e di disporre, in modo definitivo, della vita e della morte dell'uomo, ma sussiste pur sempre la possibilità che esso non sia il potere supremo (si veda, a questo proposito, il dialogo tra Gesù e Pilato in Gv. 18,33 – 19,11) e che quest'ultimo condizioni il primo in vista di un disegno più ampio, il solo veramente salvifico.

Naturalmente, questa seconda alternativa corrisponde alla realtà per chi crede nel Dio unico e vero della Rivelazione biblico-cristiana; chi non crede, si mantiene nell'ottica "politica".

Poi però ci sono le commistioni di chi impasta insieme terra e cielo in un miscuglio che non fa troppo bene alla terra e non può nemmeno tornare troppo gradito al cielo: a nostro avviso è il caso dell'Islam, ma, prima ancora, madre di tutti i sincretismi a fin di bene, proprio l'ideologia costantiniana, con tutti i suoi fasti e nefasti...

Ci proponiamo di metterlo in luce nel seguito di questa meditazione.

Capitolo quinto

La "legge di libertà" del Vangelo.

Prima di affrontare l'argomento di questo capitolo vorremmo sgombrare il campo da una obiezione che pensiamo in molti potrebbero porci, non senza qualche ironia: "qui si vorrebbe discettar di politica, ma non si parla piuttosto di morale e di religione? La politica è composta di ben altro materiale: trattative, accordi, compromessi, conciliazione o scontro d'interessi, rapporti di forza, conflitti d'ogni genere (non è stata definita una continuazione della guerra con altri mezzi?), pace sempre ambigua e precaria. Lo smascheramento marxista, con la celebre distinzione fra struttura e sovrastruttura, ha scorticato per bene le croste nobilitanti delle alte motivazioni, come già in parte avevano fatto Tucidide – si veda il celebre colloquio fra gli Ateniesi e i Meli - e il Machiavelli, ironizzando sulle "repubbliche ideali"".

Ad una simile obiezione, in apparenza di un realismo incontestabile, vorremmo rispondere in sintesi quanto segue.

L'uomo non è la sua pancia e anche quando rincorre l'avere con ogni mezzo possibile lo fa – illusoriamente -

per essere più uomo. Se ricerca il potere, il successo, il dominio, lo fa per af-fermare, rendere più sicuro, se stesso. Anche le rivoluzioni si fanno per lo stesso motivo.

E siccome, agli occhi di tutti gli uomini, l'essere più uomo richiede non soltanto il soddisfacimento delle proprie necessità materiali, ma una maggior "gloria", ossia un maggior dispiegamento e irraggiamento della propria "dignità", è molto difficile, per non dire impossibile, che essi non avvertano come indispensabile il fornire giustificazioni nobili al loro comportamento. E per giustificazioni "nobili" generalmente sono da intendersi i "valori morali".

Anche il più spietato dei tiranni cerca di riscattare la propria immagine agli occhi altrui (ma anche ai propri) richiamandosi ad un fine di superiore convivenza, a un ideale di vita "moralmente" più elevato (giustizia, fratellanza, ecc.). Nessun principe dell'era costantiniana, abbiamo detto, anche se ne combinava di tutti i colori, si sarebbe mai permesso di rinnegare quel Dio da cui pensava discendesse il suo potere e la sua legittimazione; nessun tiranno moderno, dopo il deicidio illuministico-rivoluzionario, si è mai schierato contro la morale: se mai se n'è appropriato in nome dello Stato (etico).

E così il nòmos continua, in ogni situazione, a recepire abbondantemente il contenuto dell'éthos tradizionale.

Questo insopprimibile riferimento morale – per quanto moralistico e "farisaico" lo si voglia giudicare – non abbandona mai l'azione politica, anche la più spregiudicata.

Non di rado i peggiori guerrafondai si sono fatti promotori di campagne per la pace, pace che non può pensarsi senza uguaglianza, giustizia, libertà, amore e fratellanza...

Già Platone ed Aristotele, nella loro sistematica riflessione sulla politica, hanno indagato le condizioni grazie alle quali essa possa generare il "vivere bene" degli uomini (dei cittadini) tra di loro, nella giustizia e nella concordia: in questo, anzi, hanno fatto consistere senza esitazione la sua ragion d'essere: dunque le hanno assegnato un fine essenzialmente morale.

E poiché, come abbiamo a lungo ripetuto, l'istanza morale contiene in sé un rimando all'"oltre", ad un giudizio che non poggia sulla dinamica dei rapporti inter-umani, ma li orienta e li sovrasta; poiché dunque tale istanza morale cerca e trova il suo fondamento reale solo in un vincolo religioso col divino, non può minimamente sorprendere che la politica, pur con tutte le sue bassezze, non abbia mai potuto evitare di fare i conti, di dritto o di traverso, con l'ideale, e in particolare con la dimensione etica del vivere. Anche la politica di fatto più disumana non può evitare di proporsi come concepita e realizzata per la felicità dell'uomo, con tutto quel che di morale essa include.

E non è dunque sorprendente, con buona pace di Machiavelli, Marx o Nietzsche, che i più grandi pensatori antichi e medievali, una volta riconosciuto il legame imprescindibile fra etica, diritto e politica, abbiano posto tanto impegno a delineare la repubblica ideale, quella cioè in cui – in particolare dopo la nuova sintesi costantiniana – la vita comune avrebbe potuto e dovuto svolgersi moralmente sotto la sorveglianza di Dio e degli uomini da Lui incaricati della guida della comunità.

I critici contemporanei dell'era costantiniana, anche e forse soprattutto in area cattolica, non di rado si pavoneggiano per la loro raggiunta maturità di vedute, criticando senza riserve la vecchia saldatura fra trono e altare propria dell'Ancien Régime.

Il fatto, tuttavia, che non sempre si siano dimostrati altrettanto critici, quando ce ne sarebbe stato urgente bisogno, nei confronti di certe soluzioni millenaristiche moderne "rivoluzionarie e progressiste", insinua il sospetto che non si siano abbastanza resi conto di almeno due cose:

a) che il moderno Stato etico – ultimo fondamento e monopolista della morale (rivoluzionaria) – si è installato grazie a un deicidio (quello giacobino della Rivoluzione francese) e ha preso il posto del Dio biblico;

b) che essi stessi, feroci anti-costantiniani, forse non si sono così vuotati le tasche dell'ottica costantiniana quanto vorrebbero far credere. Questo, in particolare, perché, insieme ai rivoluzionari d'ogni specie, continuano pur sempre a perseguire, aldilà di un proclamato realismo, una loro repubblica ideale, dove l'"uomo nuovo", moralmente rinnovato (magari a suon di leggi) proceda sicuro verso un imminente Regno di giustizia e di pace.

E così pensando e facendo, aspirano a praticare l'arte della politica come strumento primario e salvifico per l'instaurazione della nuova umanità destinata al Regno dei Cieli (o al Regno dell'uomo).

Ma questo è proprio un rimanere nell'ottica antica e soprattutto vetero-testamentaria, recepita e confermata dalla soluzione costantiniana.

Le stesse rivoluzioni politiche moderne, nessuna esclusa, restano prigioniere di quell'ottica, anche se, sostituito Dio con l'uomo – animato dallo Spirito della Storia - , hanno posto in crisi Costantino e i suoi eredi diretti, per impulso insospettato…dell'evento cristiano.

La soluzione costantiniana, quella …"di origine controllata", con la sua dialettica fra interesse, di fatto prevalente, per le cose di questo mondo e il richiamo tuttavia ineludibile alle "cose del Padre mio" (Lc.2,49), pur con tutte le tensioni e il suo precario equilibrio, ha assicurato per almeno 15 secoli un comune orientamento di fondo nella gestione del potere, un indirizzo fondamentalmente unitario nella guida dei popoli "cristiani".

Ai capi politici, fatte salve notevoli eccezioni, stava a cuore soprattutto l'esercizio del potere in tutta la sua immediata concretezza terrena, così come è da presumere che, ai governati, come sempre, importasse in primo luogo di poter vivere, hic et nunc, in maniera, se possibile, più che sopportabile.

Alle guide religiose spettava il compito di far sì che il popolo cristiano facesse spazio al Dio della Bibbia e alle sue esigenze, in particolare attraverso gli atti di culto e l'osservanza della legge morale. [Questa non infrequente risoluzione dell'annuncio evangelico in una vita moralmente onesta è, per così dire, il pedaggio che il Vangelo si trova un po' sempre a pagare alla radicale "oligopistìa" dell'uomo, alla sua debole fede...].

Osservata in trasparenza, la soluzione costantiniana, dunque, nel suo intreccio di dimensione orizzontale e verticale, per un verso faceva proprio l'impianto antico, pagano, a quei tempi ovunque vigente, di una comunità interessata anzitutto a risolvere i problemi del vivere quotidiano su questa terra, senza tuttavia trascurare di assicurarsi in vari modi la benevolenza della divinità: e a questo fine era soprattutto deputato a provvedere il potere politico.

Per l'altro verso, la stessa comunità si rendeva disponibile alla novità del Dio biblico, alla sua irruzione non "addomesticabile" nella storia dell'uomo, con la tensione escatologica verso il Giorno di Jahvé che questa implicava, anche se, dato il più stretto collegamento tra esperienza politica ed esperienza religiosa propria dell'Antica Alleanza, era più facile e naturale ispirarsi all'Antico che al Nuovo

Testamento. Perfino i legislatori monastici risentono del connubio politico- religioso dell'Antico Testamento, se è vero, per esempio, come è stato osservato, che nella stessa Regula Benecti, la solida concretezza amministrativa romana si nutre di citazioni e di richiami all'Antico più ancora che al Nuovo Testamento, per quanto il monaco intenda seguire Cristo in forma radicale.

D'altra parte, come abbiamo più volte osservato, anche se era la fede nel Cristo morto e risorto quella recepita nella sintesi costantiniana, di fatto, vuoi per l'eredità pagana, vuoi per il bisogno di sicurezza e di ancoraggio al mondo presente, il Vangelo veniva pian piano inglobato, per così dire, nella prospettiva più familiare di questo mondo, col tempo e lo spazio che le è proprio, e la sporgenza dinamica verso l'eterno e il definitivo, che fu propria dei primi tempi cristiani, tendeva, col passare degli anni, ad affievolirsi. Ne furono ben consci tutti coloro che, proprio con l'affermarsi della sintesi costantiniana, scelsero la vita anacoretica, in forme talora estreme di rottura col "mondo", più spesso comunque in esperienze comunitarie alternative a quelle della vita ordinaria. L'affievolimento della tensione escatologica, dell'attesa dell'Ultimo Giorno, così viva nelle prime generazioni cristiane, l'adesione in massa alla nuova religione divenuta ormai religione di Stato, favorì un certo assestamento, una certa sedentarizzazione del Cristianesimo e soprattutto una sua relativa appropriazione da parte del potere politico. La dimensione orizzontale faceva valere le sue esigenze.

Questo però era press'a poco ciò che era già avvenuto presso l'antico Israele, che era vissuto sì sotto la sferza di Jahvé, ma che pure aveva finito per...strappargli un re, per non essere da meno, in fatto di sicurezza e stabilità, degli altri popoli. [Si veda, a questo riguardo, I Samuele, cap.8 e l'interessante apologo di Giudici, 9,7-15]. Anzi tanto si abituò all'idea di un re potente e vittorioso, sicurezza per il popolo, che, più tardi, alla richiesta di Pilato, se volesse mandare a morte il proprio re, i suoi sommi sacerdoti (proprio loro!..) trovarono Gesù così sprovvisto di requisiti regali, da uscir fuori con la fatidica frase: "Non abbiamo altro re all'infuori di Cesare". Il popolo eletto non aveva sempre affermato, prima, durante e dopo la dinastia davidica, di avere solo Dio come suo vero re e signore? Tragica ironia della storia...

Israele sapeva di avere Dio come re e tuttavia ne chiese e ne ottenne uno in carne ed ossa, perché il primo...non gli bastava: lo ottenne - un po' come l'atto di ripudiazione della moglie previsto da Dt. 24,1 – per "la durezza del suo cuore" (Mt.19,8), per la sua oligopistia, la sua scarsa attitudine ad affidarsi pienamente a Dio. E per lo stesso motivo, per la persistente "carnalità" delle sue vedute, la tensione verso l'escaton immessa nella storia dall'irruzione del Dio biblico non arrivò mai a perforare il tempo in modo tale che la salvezza promessa a Israele potesse configurarsi come definitivamente compiuta solo aldilà della storia e solo per opera di Dio. Israele rimane legato ad una terra ben precisa che Dio gli ha dato e all'attesa di una definitiva liberazione/salvezza storica, nel tempo. L'ebreo Marx non ragiona diversamente: attende e cerca di affrettare con mezzi esclusivamente umani il Regno dell'uomo sulla terra, immobilizzando, per così dire eternizzando, da quel momento il tempo nel pieno compimento del progetto umano mutuato da quello di Jahvé.

Con l'evidente contraddizione, fra l'altro, che lo sforzo volontaristico e libertario dell'uomo per sollecitare il Regno, non essendo sostenuto da un Dio personale, ma dispiegandosi nel quadro di una rigida e implacabile Legge della Storia, mira a promuovere ciò che comunque è già scientificamente programmato che avvenga: frustrante inutilità dell'azione rivoluzionaria…

Senonché, per quel che qui più direttamente ci interessa, proprio questa riduzione del progetto di Dio alle attese limitate dell'uomo terreno è il segno inequivocabile del prevalere della preoccupazione orizzontale su quella verticale e quindi del prevalere, ancora una volta, dell'ottica politica su quella religiosa. La terra torna ad essere avvertita come…più interessante del Cielo.

La soluzione costantiniana, pur recependo l'annuncio evangelico, si assesta in un'ottica non più antico-pagana, ma tendenzialmente veterotestamentaria, fino a quando l'Umanesimo e il Rinascimento, senza ancora mandare in soffitta il Dio della Bibbia, ritornano all'interesse predominante, potenzialmente esclusivo, per il mondo presente.

A minare progressivamente la sintesi costantiniana non sarà tanto l'insofferenza per l'invadenza del potere ecclesiastico in campo politico – già lamentata da Dante -, né l'utilizzo della religione come "instrumentum regni" da parte di principi, re e imperatori, perché queste tensioni erano parte costitutiva di quel sistema, non troppo diversamente da quanto era già avvenuto nel mondo antico, e in particolare in Israele.

L'elemento dissolutore sarà piuttosto quel processo di "secolarizzazione" che tenderà ad emarginare, o a confinare nel privato, l'istanza religiosa. Di qui il graduale passaggio della vita pubblica, comunitaria, sotto la presso che esclusiva competenza del potere politico, beninteso di un potere politico che, in linea col sempre più diffuso orientamento dei cittadini, tende ad emanciparsi da ogni riferimento al trascendente e a surrogarne la funzione.

In questo cammino l'Europa ex-cristiana ha fatto decisamente da battistrada. Si sente dire da qualcuno che in questo modo Atene e Roma avrebbero finalmente trionfato su Gerusalemme: sarebbe vero se Atene e Roma, ai loro tempi, avessero effettivamente rinnegato l'istanza religiosa e avessero polemicamente maturato un'abiura del tipo di quella da cui emerge l'Europa dei nostri giorni.

L'Europa post-cristiana vive oggi, più o meno esplicitamente, l'esclusivo primato della dimensione (economico)-politica, dopo essersi appropriata, trasferendoli in un orizzonte immanentistico, degli obiettivi specifici dell'escatologia biblica: in parole più semplici, ha fatto della dimensione politica la sintesi suprema, dopo aver rubato al Dio biblico il progetto del Regno finale, in cui gli uomini, rinnovati, vivranno felici. La stessa operazione perseguita dall'ebreo Marx, dopo aver hegelianamente reinterpretato le Scritture; solo, a nostro modesto parere, con un residuo pathos religioso e umanistico che la stanca Europa di oggi ha perduto del tutto.

Che ne è stato dunque del "lievito" evangelico?

Se in duemila anni, laddove il Cristianesimo si è diffuso, è riuscito al massimo ad informare di sé il mondo degli uomini generando, con la soluzione costantiniana, un compromesso precario di stampo vagamente teocratico e vetero-testamentario, per poi battere in ritirata sotto la spinta di un nuovo e più insidioso paganesimo, la Buona Notizia è stata portata invano? E' dunque l'uomo, e non Dio, il signore della storia?

Per la fede del cristiano la situazione odierna non rappresenta una sfida da poco.

Eppure proprio questa fede nel Dio unico e vero, creatore e salvatore, può suggerire una diversa valutazione delle cose. Il lievito cristiano sembra aver agito e ancora agire in due direzioni differenti, a prima vista antitetiche, ma di fatto complementari.

Da un lato, permeando profondamente di sé l'éthos, da cui non può non attingere un nòmos benché formulato da chi più non crede e una politica, per quanto chiusa nel cerchio dell'immanentismo. Prova ne sia l'odierno dibattito sui "valori" e sui "diritti",

Dall'altro, l'evento annunciato dai Vangeli e custodito nella sua integrità dalla memoria della Chiesa, non solo ha lentamente fatto emergere i limiti di ogni compromesso costantiniano, ma possiede intatta la forza per smascherare ogni mìmesi del Regno di Dio, o Regno dei Cieli, assiduamente confezionata e idoleggiata dagli uomini per rispondere alle attese insopprimibili di vita in pienezza e di stabile felicità.

"Se il Signore non costruisce la casa,/invano vi faticano i costruttori" (S.127,1).

Il lievito cristiano non è rimasto inerte nella pasta: ha consentito all'umanità di cominciare ad intravvedere la possibilità concreta di una vita più alta, più aperta alle esigenze dell'amore (giustizia, misericordia, rispetto, libertà, fratellanza, gratuità, perdono, ecc.), socchiudendo i cancelli di ferro del tempo terreno, ma ha anche smascherato, e continua a farlo con inalterato vigore, ogni illusoria e rovinosa pretesa di ridurre il dono di Dio, la salvezza, i "Cieli nuovi e la Terra nuova"(Ap.21,1; II P.3,13) ad un progetto realizzabile dall'uomo.

No. Ciò che il Dio dell'Antico e del Nuovo Testamento promette all'uomo non può diventare oggetto di conquista umana, magari eliminando Dio per prendere il suo posto: " Ma quei vignaioli dissero tra loro: Questi è l'erede; su, uccidiamolo e l'eredità sarà nostra" (Mc.12,7).

Scimiottare Dio per incamerarne mimeticamente la forza, un po' come facevano i cacciatori preistorici nei loro riti propiziatori in preparazione della caccia ai grandi animali, non esce dall'ambito illusorio della magia.

Nell'Antica e ancor più nella Nuova Alleanza è Dio che, se mai, si offre all'uomo, in modo supremo attraverso la croce con cui l'uomo ha pensato di ucciderlo.

E così ogni attività umana, e in particolare la politica, che presuma di poter realizzare storicamente, grazie alle umane risorse, quella promessa di felicità stabile, di vita in pienezza – magari anche solo entro i limiti angusti e poco dilatabili posti dalla morte – che fu, secondo molti, propria del "mito cristiano" –trova nella realtà e nell'annuncio evangelico la sua permanente smentita.

L'uomo che insiste a gestire da padrone la sua vita e il suo destino è un po' come un attore tragicomico che recita sempre la stessa parte di una pièce di cui ignora l'incipit e la conclusione.

Ma, come già si è accennato, lo smascheramento evangelico, colpisce, demitizza, ridimensiona, se pure in modo più benevolo, anche ogni illusione "costantiniana" di poter instaurare su questa terra almeno un fac-simile del Regno dei Cieli mediante la collaborazione del trono e dell'altare. E di conseguenza dovrebbe mettere sull'avviso i bollenti spiriti di quei cristiani che, se proprio non fanno tutt'uno di fede e politica come gli islamici, pensano, col loro "impegno in politica", di affrettare, ope legis, il Regno di Dio. Pericolosa illusione, magari non priva d'inconsapevole arroganza, di cui torneremo a parlare in seguito.

Per ora soffermiamoci ad esplorare un po' meglio la novità cristiana nei confronti della politica, forse non ancora compiutamente compresa e apprezzata dagli stessi cristiani, per il permanere di pulsioni costantiniane.

******

Cominciamo col dire che il Cristo dei Vangeli, alla sua venuta, ha trovato la solita umanità ripiegata su se stessa (anche nelle orientali ricerche di salvezza) e il suo piccolo popolo, Israele, preoccupato più di se stesso che disposto ad affidarsi al suo Dio.

Vivendo da uomo tra gli uomini, ha ripreso l'originario progetto di Dio di costituirsi un popolo fedele, disposto a seguirlo, nel tempo e oltre, in una vita divinamente rinnovata.

Testimone di un rapporto intimo ed unico col Padre, anzi dono del Padre agli uomini, perché per mezzo di lui ricevano la vita senza fine in un'eterna relazione filiale con Dio, ha chiesto loro di convertirsi, di rivolgersi verso Dio (pròs tòn theòn) invece che verso se stessi, in vista del Regno dei Cieli. Di questo Regno egli ha posto gl'inizi con la sua presenza tra gli uomini, la sua morte e la sua risurrezione. I primi invitati ad accedervi, coerentemente con l'elezione e la promessa antiche, sono stati i figli d'Israele. Ma Israele, nel suo insieme, come popolo, non lo ha riconosciuto e non ha accolto la sua chiamata e il suo dono. Era necessario che Israele evidenziasse per primo l'alienazione e l'ostinato rifiuto che ogni uomo si porta dentro, magari senza saperlo, nei confronti del suo Creatore e Salvatore.

Ma dal piccolo gruppo di quelli che lo hanno accolto Egli ha suscitato un nuovo popolo di Dio, reso capace di trascendere la sua appartenenza etnica e statuale, la cui identità più profonda e più vera consiste nel partecipare e nel vivere la zoè, la vita nuova donata dal Cristo nello Spirito.

La politica? Cesare? " Rendete dunque a Cesare quello che è di Cesare e a Dio quello che è di Dio"(Mt.22,21). E poiché anche Cesare dipende, in definitiva, da Dio, si dovrà dare a Cesare solo ciò che anche Dio vuole che gli si dia; non di meno e non di più. Cesare sta per colui o coloro che esercitano il potere regolativo/coercitivo con riguardo al supposto bene/utile della comunità umana. Tre secoli di martiri cristiani fino a Costantino hanno evidenziato col sangue la possibilità di una divergenza di prospettive tra Dio e Cesare, contrariamente a quanto in genere succedeva con gli dei del paganesimo.

Un popolo nuovo, dunque, quello costituito dal Cristo nel suo sangue con la nuova alleanza (cfr. Lc.22,20), l'assemblea – la Chiesa – di coloro che riconoscono nel Cristo morto e risorto il Dio salvatore, si affidano a Lui con gratitudine e amore e da Lui attendono la liberazione da ogni male e la vita senza fine oltre la morte. Di conseguenza cercano di fare la volontà di Dio, come il Figlio l'ha compiutamente rivelata, sostenuti dalla forza dello Spirito.

Non un popolo di eroi, di "sapienti secondo la carne"(ICor.1,26), di giusti che si salvano da soli, ma di umili discepoli, che sempre di nuovo si lasciano istruire e rendere giusti da Dio nella verità e nell'amore.

Questa è la vera, radicale identità dei cristiani: un popolo di Dio, come già l'antico Israele, ma non più costituito su base etnica e stabilito in una terra e in uno Stato particolari, ma raccolto fra le genti come testimone della Rivelazione definitiva di Dio. "Non è infatti la circoncisione che conta, né la non circoncisione, ma l'essere nuova creatura" (Gal.6,15).

I cristiani, in quanto esseri umani, appartengono ciascuno ad un determinato gruppo etnico, ad una comunità politica, ad una koiné culturale, hanno vincoli famigliari e sociali, ma non possono lasciarsi assorbire e determinare da tali vincoli fino al punto che essi prevalgano sulla loro primaria appartenenza a Dio e alla sua Chiesa.

Come già ad Abramo, padre nella fede, anche a loro è chiesto di lasciare la loro terra d'origine, di mettersi e di restare in cammino alla sequela di Dio in Cristo verso il Regno promesso. Sarà un "lasciare" che per alcuni potrà comportare un distacco reale da ogni proprietà, dalla famiglia, dalla patria e, più in generale, dall'assetto della vita ordinaria, ma che per tutti significherà una precisa e sempre rinnovata relativizzazione di tutto questo, così da rimanere disponibili per Dio.

Se nell'economia dell'Antica Alleanza la componente etnica, e la circoncisione come suo segno distintivo, potevano costituire – ma soprattutto potevano essere sentite (non si trascuri però, al riguardo, il rude avvertimento di Giovanni Battista al suo popolo : "Dio può far sorgere figli di Abramo da queste pietre", Mt. 3,9) – come una precondizione per far parte del popolo di Dio, con la Nuova Alleanza Dio riafferma la sua assoluta libertà di scelta, nonché i suoi criteri di scelta, che, come già precisato nell'Antico Testamento, non coincidono con i criteri umani (ISam.16,7: "L'uomo guarda l'apparenza, Il Signore guarda il cuore").

Il nuovo popolo di Dio, chiamato a rendergli testimonianza fra le genti, così come ogni suo membro, si genera esclusivamente dall'incontro di due libertà: quella di Dio che chiama e offre la sua eterna alleanza e quella dell'uomo che risponde con il sì di tutta la sua vita.

Ma questa libertà, che è liberazione da ogni schiavitù della carne, trascendimento (non negazione), nell'amore di Dio, di ogni vincolo terreno, come ha delle conseguenze in tutta la vita del cristiano, nel suo modo di pensare, nei suoi affetti e nei suoi comportamenti, non può non averne anche sul piano politico.

Chi è stato liberato interiormente per il dono dello Spirito, chi vive, o almeno cerca di vivere, come figlio di Dio, non solo riconosce la Sua Legge come "legge di libertà"(Gc.2,12) - ossimoro apparente in virtù dell' "amore di Dio riversato nei nostri cuori" (Rm.5,5) -, ma non riesce più a concepire – se riflette a fondo – che si possa imporre ad altri una fede e un amore che non tollerano coercizioni. Sa che la sua conversione non è stata frutto di imposizione e che mai avrebbe veramente potuto esserlo; per cui non ritiene ragionevole, né rispettoso del prossimo, qualsiasi forma di coercizione, neppure attraverso il nòmos, la legge umana, e il potere politico, per indurre altri a convertirsi. Se mai, si rende conto che è controproducente. Con questo non che non desideri fortemente far conoscere agli altri il Dio unico e vero e non sappia che questo è il dono più grande che si può fare al prossimo; solo che un dono non è più tale se il destinatario è obbligato a riceverlo.

Questa semplice constatazione avrebbe dovuto rendere cauti nell'opera di inclusione forzata – e, per forza di cose, esteriore – di interi popoli , tali sotto il profilo "carnale", nel popolo di Dio, in ragione della loro appartenenza a questa o a quella unità politica, pesantemente condizionata dalle scelte del Principe anche in materia di fede. Ma fu proprio ciò che avvenne nella soluzione costantiniana, guardando più alle tradizioni pagane e anche all'Antico Testamento che non alla novità del Vangelo. La Chiesa accolse in massa i nuovi venuti, lieta di non essere più un "piccolo gregge", e si sforzò di far conoscere in profondità ai nuovi arrivati il Mistero del Cristo morto e risorto, ma all'interno di questo popolo dilatato le resistenze "carnali" non tardarono a manifestarsi in modo amplificato, con il rapido prevalere delle preoccupazioni e dei vincoli terreni, l'identità offuscata, le divisioni, fino alle guerre interconfessionali o di conquista "missionaria" condotte col sostegno del potere politico e il successivo riemergere di un'ottica pagana, ormai di nuovo fatta propria dai più, anche in Paesi ancora "ufficialmente" cristiani.

Senonché, contrariamente a quanto avvenuto nei Paesi islamici – e non solo in essi – dove una fede razionalizzata e a misura dei pensieri e delle attese dell'uomo naturale ha potuto saldarsi indissolubilmente con la dimensione politica - perpetuando quella concezione teocratica che era in parte presente nella soluzione costantiniana, e prima ancora nell'esperienza storica dell'antico Israele -, la relativizzazione della politica e il suo drastico ridimensionamento come mezzo per realizzare il progetto di Dio, insiti nell'annuncio evangelico, se da un lato hanno corroso in profondità, nel corso dei secoli, la soluzione costantiniana e reso alla fine inaccettabile alla coscienza cristiana e post-cristiana ogni eredità "teocratica", dall'altro hanno permesso alla politica di andare liberamente per la sua strada, di scegliere di volta in volta se tener conto di Dio o di farne a meno, come in genere oggi preferisce fare.

La morte di Dio nell'Occidente cristiano, rilevata (non senza apprensione) da Nietzsche, ha liberato la politica dalla Sua tutela, ma anche progressivamente svelato che il Dio di Gesù Cristo è un Dio di libertà, che lascia all'uomo la piena responsabilità personale di riconoscerLo o meno durante il suo percorso terreno.

Dio muore nelle coscienze come padre-padrone, se mai i credenti dell'Antica e della Nuova Alleanza poterono farlo apparire tale, o meglio muoiono le varie immagini che gli uomini si fanno di Lui, perché possa trasparire più chiaramente il suo volto, come "il Figlio unigenito, che è nel seno del Padre, lo ha rivelato" (Gv.1,18). "Venite a me, voi tutti, che siete affaticati e oppressi, e io vi ristorerò. Prendete il mio giogo sopra di voi e imparate da me, che sono mite e umile di cuore, e troverete ristoro per le vostre anime. Il mio giogo infatti è dolce e il mio carico leggero"(Mt.11,28-30): ecco il volto svelato del Dio eterno e onnipotente.

Questo è il culmine della Rivelazione biblico-cristiana, la quale, dispiegandosi nel tempo, ha sì un carattere progressivo, ma al tempo stesso fa emergere un itinerario pedagogico.

E se il Dio dell'Antico Testamento ha potuto incutere ad un uomo ancora piuttosto ai primi passi "timore e tremore" per fargli ben intendere che aveva a che fare col suo Creatore, e non con un uomo, il Dio del Nuovo Testamento, che si rivela compiutamente nel Figlio, senza perdere la sua maestà e senza violare il suo Mistero, si accosta alla sua creatura con una Parola di libertà e di amore.

Questa Parola l'uomo la comprende pian piano nel tempo, a misura della sua incessante ricerca e di quanto Dio voglia fargli comprendere: ciò vale per il popolo dei credenti e per ciascun credente preso singolarmente, ma poiché Dio è Dio, signore dell'universo e della storia, vale anche, in misura diversa, per tutti gli uomini che non si lascino ottundere dalla loro presunta autosufficienza.

E questa Parola di libertà e di amore interpella e trasforma pian piano l'éthos, il nòmos e la politica a livello universale, suscitando sensibilità e consapevolezze nuove, nuovi modi di gestire lo stesso potere politico, di articolare la vita comune, sollecitando di conseguenza il credente, il testimone di Cristo in terra, ad interrogarsi sempre di nuovo sulla qualità della sua testimonianza anche in rapporto alla vita politica.

Vita politica che naturalmente pone al credente in Cristo la necessità di prendere posizione sui tanti e mutevoli problemi inerenti alla convivenza all'interno di una comunità e nel più ampio contesto di una società umana che oggi più di ieri sembra, malgrado tutto, avviata ad una lenta unificazione. E prendere posizione come credente che ha affidato a Cristo l'unificazione della sua vita non può voler dire, "per la contraddizion che nol consente", sdoppiarsi e contorcersi in una specie di kamasutra per dire sì a Dio e al mondo nello stesso tempo. Laddove la Parola di Dio confligge con le scelte degli uomini, il cristiano non può "servire due padroni". E questo, anche se alcuni straparlano al riguardo, non è "integralismo", ma scelta di stare fedelmente con l'uno o con l'altro. "Integralismo", se mai, come diremo fra poco, è voler imporre la stessa scelta a chi non la condivide, e questa non è una tentazione dei soli credenti, cristiani in particolare e magari anche residualmente costantiniani nel cuore.

Capitolo sesto

La dissoluzione della sintesi costantiniana e il distacco evangelico dal potere.

Il compromesso costantiniano tra esigenze politiche ed esigenze che erano scaturite dalla vittoria della nuova fede religiosa sull'antico paganesimo si è andato dunque progressivamente dissolvendo, a nostro avviso, per l'azione concomitante di due fattori principali, certamente in guerra tra loro, ma confluenti in un disegno definitivo che trascende la contingenza storica e la capacità del pensiero umano di controllarlo razionalmente (il progetto di Dio, appunto).

Da un lato, a) è riaffiorata con vigore e potenza la rivendicazione umana, mondana, della propria autosufficienza, con la tendenziale cancellazione della dimensione orante, "verticale".

Dall'altro, b) il fatto inconfutabile che il Dio definitivamente rivelato dal Cristo è un Dio che interpella la libertà dell'uomo e non vuole una risposta coatta.

Quanto a b), può bastare quanto abbiamo accennato nel capitolo precedente.

Quanto ad a), ci limitiamo ad osservare che tutti i cultori delle "magnifiche sorti e progressive", compresi molti sedicenti profeti che dicono d'ispirarsi al Vangelo di Cristo, non prestano alcuna o ben scarsa attenzione a certe profezie contenute proprio nei testi del Nuovo Testamento, come, ad esempio, le seguenti: "Sorgeranno molti falsi profeti e inganneranno molti; per il dilagare dell'iniquità, l'amore di molti si raffredderà. [...] Sorgeranno infatti falsi cristi e falsi profeti e faranno grandi portenti e miracoli, così da indurre in errore, se possibile, anche gli eletti" (Mt.24,11 e 24). " Nessuno vi inganni in alcun modo! Prima infatti dovrà avvenire l'apostasia e dovrà essere rivelato l'Uomo dell'iniquità, il Figlio della perdizione, colui che si contrappone e s'innalza sopra tutto ciò che si chiama dio o che si adora, al punto da sedersi in persona nel tempio di Dio e di proclamare che egli è Dio".

Questo secondo passo, che contiene al suo interno citazioni e richiami dal libro profetico di Daniele, è tratto dal cap. 2 della II Lettera ai Tessalonicesi di san Paolo, che accenna, sempre nel linguaggio simbolico e figurato della profezia, alle caratteristiche proprie degli ultimi tempi, quelli che precederanno il ritorno del Cristo giudice (per una migliore comprensione del passo, consigliamo la lettura dell'intero capitolo).

Ora, funambulismi esegetici a parte, è difficile per un credente passar sopra a questi forti avvertimenti e ad altri simili, contenuti nei testi del Nuovo Testamento, per aderire con faciloneria ai sogni di un paradiso in terra progressivamente instaurato senza traumi eccessivi dall'attivismo umano. La parola neotestamentaria contiene l'annuncio di una "consumazione", per decisivo intervento finale di Dio, dell'iniquità umana, riconducibile al rifiuto di Dio da parte dell'uomo e alla sua proclamata autosufficienza (e auto-divinizzazione).

Questo non invalida per nulla la fede e la speranza cristiana di giungere alla vita e alla felicità eterna, ma mette ben in chiaro che queste, vita e felicità senza limiti, saranno dono di Dio per coloro che in qualche misura lo avranno accolto e non una conquista del protagonismo umano.

A chi dunque osserva il decorso della storia umana con gli occhi della fede (in Cristo) non può sfuggire il processo di "apostasia" che si è venuto man mano sviluppando ed esplicitando durante gli ultimi secoli in popoli raggiunti a lungo dall'annuncio e dalla testimonianza cristiana.

Non sarà forse politicamente corretto riesumare le urtanti parole di IIPt.2,22: "Il cane è tornato al suo vomito / e la scrofa lavata è tornata ad avvoltolarsi nel brago", ma è difficile negare che ormai di Dio e del suo Vangelo di salvezza importa ben poco a un mondo post-cristiano che oscilla tra l'esclusiva confidenza in se stesso e un nichilismo senza ritorno.

Vogliamo insistere: non si tratta sic et simpliciter di un ritorno al paganesimo antico, così come, per esempio, il Rinascimento non è stato, né avrebbe potuto esserlo, un semplice ritorno alla Roma antica. L'Umanesimo-Rinascimento nasce in polemica con la cultura e l'orientamento spirituale precedente; così, riconosciute le dovute differenze, anche il neo-paganesimo post-cristiano nasce e si sviluppa in polemica più o meno aperta e rancorosa nei confronti non solo della civitas christiana, ma, più in radice, nei confronti dello stesso evento cristiano.

Nel Vangelo stesso troviamo due passi ammonitori. Il primo è una domanda rivolta da Gesù ai suoi ascoltatori e riportata da Lc.18,8: "Ma il Figlio dell'uomo, quando verrà, troverà la fede sulla terra?". La domanda non sembra dare per scontata una risposta positiva.

Il secondo passo si trova anch'esso nel vangelo di Luca, cap.11, 24-26: " Quando lo spirito immondo esce dall'uomo, si aggira per luoghi aridi in cerca di riposo e, non trovandone, dice: -Ritornerò nella mia casa da cui sono uscito -. Venuto, la trova spazzata e adorna. Allora va, prende con sé altri sette spiriti peggiori di lui ed essi entrano e vi alloggiano e la condizione finale di quell'uomo diventa peggiore della prima". Si è perlopiù abituati ad applicare questo loghion del Cristo all'esperienza di peccato del singolo, di cui evidenzia per bene la dinamica, ma non ne risulta meno illuminata la possibile esperienza collettiva.

Quali sono dunque gli elementi che più vistosamente sembrano emergere dalle rovine del mondo "costantiniano" e che più direttamente possono interessare la politica?

Secondo noi sono: 1) - figlio di a) - non solo la rottura dell'unità religiosa all'interno della christianitas, quale si verificò prima con lo scisma fra Roma e Bisanzio del 1054 e poi col successivo frazionamento causato dalla Riforma, ma il tramonto accelerato dell'antica fede cristiana nella coscienza, nell'éthos e nel nòmos dei popoli prima considerati uniformemente aderenti a questa fede e a questa visione del mondo, fino all'odierno pluralismo e agnosticismo relativista.

2) - figlio di b) – e come tale è, o dovrebbe..., essere considerato positivo da un'ottica cristiana – una maggiore considerazione della libertà di scelta personale e il conseguente affermarsi di forme più partecipative anche a livello di gestione del potere.

Anche a questo proposito non si potrà parlare di un semplice ricupero dell'antica "democrazia" della polis greca, di quella ateniese in particolare, ma di forme di consultazione e di coinvolgimento che attingono ad una riflessione e ad un'esperienza profondamente segnate dalla diffusione e penetrazione di valori cristiani.

Queste forme di condivisione del potere politico non hanno atteso, per imporsi, la completa dissoluzione del sistema costantiniano e in un primo tempo sono state sperimentate con successo soprattutto nell'ambito del Protestantesimo, coerentemente con la rivendicazione del libero esame e della libertà di coscienza: basti pensare all'autogestione e alla convinta partecipazione al governo della cosa pubblica nelle ex-colonie britanniche, poi confluite negli Stati Uniti d'America. Tutti sappiamo, del resto, che la Rivoluzione americana precede quella francese, ne evita la deriva giacobina e fa esplicito riferimento alla Bibbia come testo fondamentale per la vita nel Nuovo Mondo (la Nuova Sion). Permane comunque stretta la liaison (costantiniana) tra gestione della polis e riferimento etico-religioso.

In ogni caso, se pure la democrazia moderna era già apparsa all'orizzonte, più aldilà che al di qua dell'Atlantico, resta innegabile che il vecchio mondo costantiniano era stato caratterizzato da una gestione più autoritaria e accentratrice del potere.

Durante il lungo periodo "costantiniano" la gerarchia ecclesiastica, quando non li surrogava, interloquiva direttamente con i detentori del potere politico, il quale, fra l'altro, non di rado era concentrato nelle mani di una sola persona, cui si riteneva che Dio affidasse questa "exousia", questo potere di governare il popolo, oppure era condiviso da una ristretta aristocrazia, civile, militare, burocratica, o tutte insieme. Chi si ritrovava fuori da questa cerchia aveva ben poche possibilità di partecipare alla formulazione delle leggi e soprattutto al potere di farle rispettare..

Con l'affermarsi della democrazia moderna e l'estendersi del diritto di voto, fino al suffragio universale, le cose cambiano sensibilmente. L'insistenza protestante sulla libertà di coscienza e la responsabilità personale, non mediata, di fronte a Dio e ai propri simili, il contemporaneo affermarsi del pensiero liberale, mentre contestano l'autorità e il potere costituito, sia politico che religioso, in nome dei diritti dell'individuo – e delle minoranze -, ne affermano l'avvenuta emancipazione dallo stato minorile. Sostengono che, grazie ai progressi della scienza e, in generale, della conoscenza e della consapevolezza critica, il cittadino di uno Stato moderno non può e non deve più essere considerato come un "figlio" eternamente minorenne, vigilato, tutelato e corretto da un'autorità paterna, sia politica che religiosa. Kant lo proclama apertamente: l'uomo civilizzato del XVIII secolo è diventato "adulto".

Adulto come cittadino e insieme come cristiano?

Alla cultura secolarista, tendenzialmente immanentistica, del Sette-Ottocento ciò che uno sia come cristiano probabilmente non potrebbe importar di meno, anche perché è spesso dato per scontato che l'uomo, reso adulto dal pensiero critico e scientifico, non può non lasciar perdere l'antico "fideismo" delle religioni storiche, quella cristiana in testa.

Per la Chiesa le cose stanno diversamente. Anzitutto la Chiesa non è una democrazia, non nel senso che non vi possa essere consultazione e dibattito al suo interno –

negli antichi Capitoli monastici, ad esempio, spesso la consultazione cominciava dal monaco più giovane e solo alla fine l'abate tirava le somme -, ma nel senso che i "valori" di riferimento non si stabiliscono attraverso un pubblico confronto, per consenso della maggioranza, ma restano immutabilmente fondati sull'autorivelazione agli uomini del Dio unico e vero.

Poi chi sia da considerarsi "adulto" nella fede lo avevano già chiarito san Paolo e la Lettera agli Ebrei con la vivida metafora del "latte" spirituale (ICor.3,2; Ebr.5,12-13), sviluppando l'insegnamento del Cristo trasmesso in particolare da Giovanni (Gv.15,14-15; Gv.8,31-36).

Essere "adulto" ed essere "libero" per il cristiano non ha lo stesso identico significato che per il cittadino di una democrazia, antica come quella ateniese, o moderna. La libertà del secondo è una libertà conquistata contro poteri coercitivi che hanno la loro ragion d'essere nel tessuto dei rapporti inter-umani; la libertà del primo è essenzialmente dono, frutto di una liberazione dall'alto nei confronti di un Potere più occulto, di cui l'uomo è inconsapevolmente prigioniero. La libertà cristiana non può prescindere da una relazione di conoscenza e d'amore tra Dio e l'uomo; la seconda, la libertà del cittadino, può prescindere da questa relazione, anche se può essere promossa, orientata e sorretta dalla prima (non viceversa).

Si può quindi anche capire la reazione sospettosa della Chiesa, in particolare del Magistero cattolico, nei confronti di questo "adult-pride" di molti cristiani moderni, poco inclini a cogliere le differenze. La reazione della Chiesa, e in essa, in particolare, del Magistero, poteva (e può) effettivamente evidenziare residui vistosi d'eredità costantiniana, con annesso paternalismo e autoritarismo clericale – già l'apostolo Pietro, del resto, aveva messo in guardia i "pastori" da simili tentazioni: cfr. IPt.5,3 -, ma nella sostanza ha sempre sollevato riserve nei confronti di una rivendicazione libertaria (e non di rado prometeica) d'ordine civile – fatta valere in ogni campo -, che è ben diversa dalla libertà promessa da Dio al cristiano.

Non è una novità, del resto, che non pochi cristiani moderni concepiscono la Chiesa alla stregua di un partito politico, che si può far essere o non essere in virtù della propria adesione.

Sta di fatto, comunque, che, con l'instaurarsi della moderna democrazia sulle due sponde dell'Atlantico, l'antica, diretta comunicazione tra l'autorità ecclesiastica e il potere politico costituito non poteva più sussistere tale e quale.

La gerarchia ecclesiastica, nei suoi rapporti col potere politico, non poteva più non tener conto dei "cittadini" cristiani diventati politicamente "adulti", ormai detentori del diritto di voto, e ne doveva tener conto, allo stesso modo, chi veniva a trovarsi a capo della polis, proprio in ragione della quota di potere di cui ciascun cittadino, cristiano o non, si trovava a disporre.

La stessa teologia del laicato, sviluppatasi nel secolo scorso – specie nella prima metà di esso – e più ampiamente la riflessione teologica sul rapporto Chiesa-mondo e sulle cosiddette "realtà temporali", poi recepita nel Concilio Vaticano II – trova, almeno in parte, le sue motivazioni nella presa d'atto del nuovo potere decisionale di cui il cristiano si trova a disporre nella gestione della vita pubblica e si propone in buona parte di promuovere la sintesi tra il cristiano adulto come cittadino e come membro della Chiesa, reso in tal modo capace di testimoniare con coerenza, all'interno della dimensione orizzontale dei rapporti inter-umani, l'apertura al trascendente che la sua fede gli comunica.

Che questa riflessione e questa pedagogia, specie all'interno della Chiesa cattolica, non abbiano del tutto evitato alcuni trabocchetti e non abbiano definitivamente eliminato ogni traccia dell'antica soluzione costantiniana a noi sembra piuttosto evidente, anche se comprensibile, dato il limite sempre inerente alle iniziative umane, comprese le meglio intenzionate.

Alludiamo, in particolare, alle tentazioni "dirigistiche" del clero nei confronti dei "laici" impegnati nelle realtà terrene, in politica soprattutto; alle controspinte rivendicative – e non di rado poco cristianamente "adulte" – dei laici medesimi; alla tendenziale divisione (non distinzione) delle zone di competenza (ai preti le cose di Dio, ai laici le cose del mondo), cui la stessa teologia del laicato, o qualche sua declinazione, è potuta riuscire funzionale; all'identificazione e alla premurosa coltivazione di un laico d'élite, quello impegnato in politica, particolarmente prezioso per assicurare i giusti agganci col potere; l'enfatizzazione del vincolo Vangelo-politica, malgrado ogni smentita dei testi neotestamentari, in perfetta linea costantiniana, sia nell'adesione a politiche di "destra", conservatrici o reazionarie, sia nei vari bollori rivoluzionari di "sinistra".

Noi crediamo che tutto questo non possa sminuire il valore della riflessione e dell'esperienza fin qui svolte, ma solleciti ad uno sforzo rinnovato di chiarificazione del pensiero e dei modi di operare, che si lasci alle spalle le vecchie polemiche e contrapposizioni tra clero e laici, tra gruppi cristiani di opposto schieramento politico, e cerchi di mettere più a fuoco proprio il rapporto Vangelo-politica, alla luce delle indicazioni evangeliche rivisitate e di un mondo che cambia ponendo sempre nuovi problemi.

Ma prima di entrare nello specifico delle nuove problematiche vorremmo prestare attenzione ai molti che, probabilmente, sentendo parlare di nuove possibilità di ricerca, reagiranno stupiti, chiedendoci se sia mai ammissibile rintracciare nella teologia del laicato, nelle posizioni della Chiesa e di singoli cristiani durante e dopo il Vaticano II tracce residue di costantinianesimo.

Non è un'evidente forzatura, penseranno, affermare che la profonda riflessione degli ultimi cento anni sul modo di vivere da cristiani il rapporto col mondo, così ricca di feconde scoperte e suggestioni, si sia inavvertitamente portata appresso scorie di nostalgia costantiniana e vetero-testamentaria, specialmente per quel che riguarda la relazione col potere politico? Ma se, obietteranno, almeno dal Concilio Vaticano II, non è stato che un reiterare e rincarare la critica verso il vecchio sistema, verso la "respublica christiana" tardo-antica e medievale, in nome dell'autonomia delle realtà create!

Un certo radicalismo anticlericale, l'intenzione spesso ribadita con forza da parte del laicato di emanciparsi da una condizione minorile ed eterodiretta (dalla gerarchia) per assumersi in piena consapevolezza, libertà e responsabilità le sue scelte in ordine all'animazione cristiana delle realtà temporali, lo scandalo denunciato di una Chiesa che in più occasioni era sembrata – a torto o a ragione - accomodante col potere politico e i suoi deprecabili orientamenti, hanno, in effetti, prodotto su larga scala una risentita volontà di denuncia, di polemica "profetica", di ripudio delle antiche commistioni politico-religiose, in particolare di certe formazioni partitiche a denominazione cristiana avvertite ormai come improponibili cinghie di trasmissione tra le richieste della Chiesa e i poteri dello Stato.

La proclamata predilezione – tutta evangelica – per i poveri e gli ultimi ha ulteriormente segnato l'intenzione, da parte della Chiesa post-conciliare, di prendere le distanze da un sistema di potere ecclesial−politico che appariva ormai fuori dal tempo e per di più contrassegnato da benevoli acquiescenze nei confronti del perbenismo aristocratico, prima, e poi borghese.

Dunque, come non concludere che da parte della Chiesa e dei singoli cristiani era ormai stata archiviata la secolare soluzione costantiniana?

Eppure qualche dubbio, soprattutto guardando all'attuazione pratica delle intenzioni, potrebbe riaffiorare…: archiviazione o travestimento?

A voler essere espliciti fino in fondo, chi scrive aveva già nutrito, fin dai tempi del Vaticano II, qualche perplessità nei confronti di certa teologia che sembrava aprire un credito eccessivo, forse talora un po' acritico, nei confronti del "mondo", quasi volesse scrollarsi di dosso la fastidiosa eredità del "contemptus mundi"("disprezzo del mondo") medieval- monastico con qualche secolo di ritardo rispetto agli entusiasmi rinascimentali.

Poi non mi sembrava del tutto casuale neppure il fatto che la teologia del laicato, in particolare, si fosse sviluppata soprattutto in terra di Francia, nazione exprediletta dai tempi di Carlo Magno e che, malgrado lo scoppio della Grande Rivoluzione, non aveva mai del tutto rinunciato, in consistenti porzioni della Chiesa, alla nostalgia per la monarchia di diritto divino. E qui basterebbe ricordare, tra i "beni" ereditari, la grande opera di Bossuet, vescovo e consigliere del re, con la sua strenua difesa di una stretta "liaison" tra Chiesa e Stato.

A preparare la "svolta" conciliare avevano contribuito, su un piano più filosofico, anche grandi pensatori come Maritain e Mounier, nessuno dei quali forse, pur da posizioni diverse, poteva dirsi estraneo alla suggestione di un forte legame tra fede e impegno politico.

Di quegli anni - gli anni appunto del Concilio o quelli immediatamente successivo – ricordo diversi saggi più o meno militanti, che insistevano sulla necessità di "preparare", anche per via politica, il Regno dei Cieli. Mi si conceda di fare qui breve menzione di due di essi, che a quei tempi mi fecero riflettere non poco.

Entrambi erano opera di autori francesi: il primo, uscito nel 1965, era di Jean-Marie Paupert, dal titolo "Pour une politique évangélique" ("Per una politica evangelica" e si apriva con la dedica "a tutti coloro che operano, col pensiero e con l'azione, perché il Regno del Signore arrivi sulla terra come in cielo"; Il secondo, uscito nel 1968, era di Réné Coste e aveva per titolo "Evangile et politique" ("Vangelo e politica").

Ignoro se siano poi stati tradotti in italiano; certamente molte delle considerazioni in essi contenute esprimevano il pensiero – un po' unico?... – diventato poi pane quotidiano di gran parte del cattolicesimo italiano, specie di quella che si considera più in sintonia con le esigenze del nostro tempo.

Più ponderato e un tantino professorale il libro del Coste; più irruente e appassionato quello del Paupert, che, a mio avviso, nella sua generosa militanza, aveva tutti i requisiti per diventare il vademecum del cattolico "progressista"…

Il Paupert, nella sua rovente polemica a sostegno della "Chiesa dei poveri", non sembra potersi mai liberare dall'ombra ingombrante del suo celebre predecessore secentesco, il vescovo Bossuet (1627-1704), che aveva perorato con forza la causa di una politica cristiana nel saggio "La Politique tirée des propres paroles de l'Ecriture sainte" ("La Politica desunta dalle parole stesse della sacra Scrittura"), dedicato al Delfino di Francia, l'erede al trono di Luigi XIV.

A Bossuet, che nell'istruire il suo (indolente) discepolo sui doveri del monarca non poteva certo prescindere da Costantino, e ancor meno da Carlo Magno, il Paupert, con scarso senso storico, rimprovera aspramente di essersi posto dalla parte sbagliata, di sposare in pieno una visione teocratica, giustificandola col richiamo all'antico Israele; non si accorge però che qualche frustolo d'integralismo cattolico, pur se di segno opposto, rimane attaccato al suo pensiero, come poi a quello dei tanti suoi ripetitori; e forse questo era già successo in parte anche a Mounier e Maritain...

L'impianto "teocratico" del grande Bossuet, di lontana ascendenza costantiniano-carolingia, non si cancella del tutto, a nostro avviso, fin quando non ci si decide a riconsiderare in radice la "liaison dangereuse" istituita tra la Parola evangelica e l'esercizio del potere politico in quanto tale, ossia come potere intrinsecamente coercitivo per il tramite del nòmos e delle sanzioni conseguenti.

Il Paupert, ad un certo punto, sembra presentire il problema – assai più dei suoi epigoni - , quando si sforza di tener distinte (se non proprio separate, perché ciò gli risulta impensabile) la politica intesa come impegno sociale in senso lato, a sostegno dei deboli e come difesa contro l'ingiustizia, dalla politica "politicante" ("politicienne"), fatta di schieramenti, istituzioni, procedure e lotte per il potere. A quest'ultima sembra guardare con un certo sospetto (d'origine consapevolmente evangelica).

Ma per una più precisa illustrazione del suo pensiero ci sembra utile tradurre la significativa nota a pagina 80 dell'edizione originale.

"Del resto, se occorre distinguere dalla realtà politica stessa, costituita dai rapporti economici e sociali effettivi nella loro sostanza specifica (come, *di fatto*, gli uomini si nutrono, si amano, si raggruppano, ecc.. Come, *di fatto*, agiscono tra loro su tutti i piani...) le diverse formalità sotto cui può essere rappresentata questa realtà (patriarcato, tirannia, oligarchia, repubblica, monarchia, democrazia, ecc., così come le differenti strutture di questi diversi sistemi, quali consigli, elezioni, delegazioni, ministeri, ecc.), non resta meno vero che una dialettica permanente sottende i rapporti esistenti tra questa realtà e le sue rappresentazioni. Queste ultime non sono forme vuote mentre quella costituirebbe una specie di magma sostanziale vivente ma inesprimibile; queste non sono pure rappresentazioni, quella [non è] pura realtà noumenica. Queste significano efficacemente (in parte) una realtà, di cui, senza di esse, non si potrebbe né sapere, né dire gran cosa. Indispensabili, esse sono tuttavia sempre imperfette e inadeguate, poiché la realtà che esse esprimono, strutturano e organizzano è troppo ricca di vita concreta (è tutto l'animale ragionevole in quanto non può vivere solo) per poter essere pienamente espressa e valorizzata in una serie di schemi razionali.

Va da sé che l'indifferentismo evangelico concerne la politica formale in ciò che essa ha di inadeguato e di costantemente caduco, non in quanto essa attinge al fondamento sociale umano".

[Notiamo che, quando l'Autore parla di "indifferentismo evangelico", si riferisce al distacco con cui nei vangeli, con tutta evidenza, Gesù tratta i detentori del potere politico e, più in generale, la sfera del potere].

Il Paupert dunque, dopo aver perorato la causa dell'impegno dei cristiani in politica, sembra sfiorato dal dubbio e cerca di distinguere, come può, il frumento dalla pula (inevitabile): il primo sarebbe costituito dalla realtà politica stessa nella sua materialità di base ("come, di fatto, gli uomini si nutrono, ecc."); la seconda, pur indispensabile, costituirebbe l'aspetto "formale", in qualche modo sovraordinato, sovraimposto, cui spetta, par di capire, la mera funzione regolativa, storicamente transeunte e sempre da correggere e modificare.

Alla lontana questa distinzione ci ricorda un po' quella marxista fra struttura ("*di fatto*") e sovrastruttura ("*formale*"), o, se volete, quella, già illuministica, tra "*l'histoire tout court*", l'insieme delle umane esperienze dispiegantesi nel tempo, e "*l'histoire bataille*", la semplice cronistoria dei "grandi" eventi, delle battaglie, dei trattati e dei grandi protagonisti, di cui già il vecchio Catone voleva trascurare i nomi per meglio porre in rilievo l'importanza del popolo tutto.

Paupert, però – lo abbiamo visto – finisce per confermare l'inscindibilità della "politica sostanziale" dalla "politica politicante"; forse pensa all'inscindibilità fra éthos e nòmos , anche se quest'ultimo, a dire il vero, non può essere considerato come la semplice trascrizione verbale, quindi razionale, del primo, né si limita a "significare efficacemente (in parte) una realtà di cui altrimenti non si potrebbe né sapere, né dire gran cosa" – per riprendere quasi alla lettera le sue stesse parole -.

Se egli pensa all'inscindibilità fra éthos e nòmos, quasi fossero le due facce di una stessa medaglia, non tiene abbastanza in conto che il nòmos è il risultato di un intervento volontario, selettivo e prescrittivo sull'éthos vigente, tanto più coercitivo quanto più dettato da una deduzione logica. La logica, per sua natura, è sempre cogente ed impone comportamenti coerenti. Se si promulga una legge, è perché la si ritiene coerente, o comunque compatibile, col modello di società che si tende ad instaurare. Dunque si indica – e si prescrive – una strada piuttosto che un'altra; non si fa soltanto la rilevazione di tutti i percorsi esistenti e possibili.

Un conto è concepire l'inscindibilità tra realtà politica e politica formale come se la seconda si limitasse ad essere la prima non più a livello implicito, ma espresso; un altro è ritenere, più o meno consapevolmente, che il carattere normativo, e perciò coercitivo, della seconda – la "politica formale" – sia deducibile necessariamente dalla prima – la "realtà politica" -, minimizzando l'intervento e la scelta libera dell'uomo.

Ed è proprio questo residuo positivista, o marxista che dir si voglia, che impedisce, secondo noi, di evitare un trabocchetto in cui poi sono caduti in massa quelli che ragionano come lui.

Se infatti la "politica formale", nelle strutture in cui di volta in volta si traduce e nell'esercizio del suo potere sanzionatorio non può che "esprimere efficacemente (in parte)" la necessità "di fatto" della "realtà politica", il potere d'indirizzo e di coercizione che essa esercita ne risulta "legittimato" in radice, dallo stesso "fondamento sociale umano".

Ed è in nome di questa consequenzialità – ingenuamente e dogmaticamente intesa – che il Paupert non può evitare - benché non manchi a più riprese di deprecare le divisioni prodotte tra cristiani dalle diverse e contrastanti appartenenze politiche ("politique politicienne") - di pronunciare anche lui la sua piccola fatwa nei confronti dei fratelli di fede che si schierano, come già Bossuet, "dalla parte sbagliata".

In altre parole: se i poveri e le vittime dell'ingiustizia trovano la loro protezione, nel mondo moderno, in una politica di "sinistra", come potrebbe un cristiano sincero, un discepolo del Maestro delle beatitudini, militare a "destra", o anche solo nel filisteo moderatismo borghese del "centro", senza rinnegare nei fatti la propria fede? L'"indifferentismo evangelico", dunque, nel senso sopra indicato, non potrà riguardare alla fine che le incarnazioni storiche del potere (tirannia ,monarchia, oligarchia, democrazia) – il che, a nostro avviso, è tutto da vedere…-, ma non le scelte operate dal potere politico. E su queste non solo il Vangelo non promuove nessun indifferentismo, ma, sembra di poter concludere, ammette solo le scelte in linea con la "realtà politica di fatto", bisognosa di liberazione e di riscatto.

Secondo noi, l'"indifferentismo evangelico" – se vogliamo utilizzare questa espressione del Paupert - verso la politica e, in particolare, la gestione del potere, non si esaurisce affatto in una presa di distanza dalle forme politiche "transeunti", né, men che meno, è l'espressione, come alcuni hanno pensato, di un ripiegamento individualistico sospettoso nei confronti della vita pubblica – una specie di "làthe biòsas" ("vivi nascosto") epicureo, fautore del disimpegno - ; è piuttosto, se così si può circoscrivere, un fondamentale avvertimento sui limiti, prima ancora che sulle distorsioni, della dimensione politica, dalla quale in nessun modo ci si può attendere quella liberazione dell'uomo e quell'instaurazione del Regno dei Cieli che solo Dio può avviare, far crescere e portare a compimento.

Di conseguenza, proprio da una rilettura attenta del Vangelo sarà possibile raccogliere l'invito a non supervalutare l'importanza, e quasi la definitività, della politica, come invece tendeva in parte a fare il pensiero antico (Platone, in particolare) o, in modo più polemico – da quando i Cieli si sono spalancati e poi richiusi – il neopaganesimo immanentistico moderno. Noi pensiamo che andrebbe, per esempio, ridiscussa l'affermazione corrente in campo cristiano, soprattutto cattolico, secondo cui l'impegno in politica sarebbe la forma più alta e più completa di carità: ci sembra più in linea col pensiero platonico che con l'ottica evangelica.

Come non ci sembra corretto ridurre il Vangelo ad un prontuario morale per il buon vivere su questa terra, così, e a maggior ragione, diffidiamo da ogni abbraccio troppo stretto tra fede e politica in nome della fedeltà al Vangelo di Cristo, per non dire dei sempre risorgenti tentativi di tradurre e ridurre l'annuncio evangelico ad un progetto salvifico realizzabile dall'uomo.

Questa è la vera radice amara di ogni soluzione o tentazione costantiniana, il movente segreto di ogni integralismo di destra o di sinistra, di ogni declinazione "religiosa" della politica, sia ad opera dei cristiani che dei non credenti in Cristo. Una declinazione religiosa della politica che, in realtà, scaturisce e sfocia in un interesse prevalente per questo mondo, per le relazioni inter-umane e temporali, piuttosto che per la relazione primaria con Dio. Questo tentativo di accaparrarsi Dio e di sostituirsi a Lui è quello che la Bibbia ha sempre chiamato col nome di idolatria.

Il Gesù dei Vangeli mantiene sempre una distanza critica nei confronti del potere politico e di chi lo esercita – lo osservava anche il Paupert con un certo imbarazzo, tanto da cercare di circoscriverne la portata (distacco verso le forme provvisorie e transeunti della politica "politicienne").

Possiamo qui ricordare, a conferma, alcuni momenti in cui questa "distanza critica" emerge con particolare evidenza. Si vedano, ad esempio, i passi paralleli di

Mt.20,24-28; Mc.10,42-45; Lc. 22,24-27, laddove Gesù contrappone alla logica del potere terreno la logica evangelica dell'umile servizio.

In questi testi si colgono alcune differenze non prive di significato: dove Matteo ha : " I capi delle nazioni, voi lo sapete, dominano su di esse e i grandi esercitano su di esse il potere", Marco riporta: "Voi sapete che coloro che <u>sono ritenuti</u> capi delle nazioni le dominano, e i loro grandi esercitano su di esse il potere", mentre Luca precisa: " I re delle nazioni le governano, e coloro che hanno il potere su di esse <u>si fanno chiamare benefattori</u>".

"Sono ritenuti", "si fanno chiamare benefattori": dunque il vero potere non appartiene a loro; dunque spesso e volentieri fanno il loro interesse o comunque non è detto che perseguano il vero "bene" dei loro sottomessi. Sembra riecheggiare, in queste parole, la riserva di Jahvé nei confronti del potere che già abbiamo notato nei libri di Samuele (cfr., in particolare, ISam.,8).

A Erode Antipa – da Lui definito "quella volpe" (Lc. 13,31-33) –e a Pilato (cfr. specialmente Gv.18,28 – 19,16) Gesù fa intendere che non sono loro, in definitiva, che guidano gli eventi; in particolare, rispetto all'incipiente Regno dei Cieli, essi contano per quel tanto che Dio, il vero Signore del cosmo e della storia, vuole che contino. Il potere politico sottostà pur sempre, consapevole o meno, alla volontà e al disegno sovrano di Dio. La storia personale di ciascuno e la storia collettiva dell'umanità sfugge alla presa del potere umano di qualunque tipo, politico in particolare, e troverà il suo compimento nell'intervento definitivo di Dio.

Pertanto il cristiano è avvertito di non soggiacere anche lui - come spesso accade a chi limita il proprio interesse e le proprie prospettive a questo mondo – alla supervalutazione della dimensione politica, in specie del potere che in essa vi si esercita, in qualsiasi forma essa si configuri e in qualsiasi condizione egli venga a trovarsi.

I cristiani dei primi secoli seppero contrastare efficacemente la tendenza del potere imperiale romano a porsi come un assoluto, come arbitro della salvezza o della rovina dei singoli e dei popoli a lui sottomessi. Lo fecero non cercando di appropriarsi di quel potere e di gestirlo in nome del Dio in cui credevano, ma vivendo con coerenza la loro fede nella vita di ogni giorno, qualunque costo ciò potesse comportare.

Forse la loro condizione di minoranza in seno alla società ancora prevalentemente pagana non permetteva loro neppure di sperare in una conquista del potere...; quando poi questo avvenne, comprensibilmente s'illusero, almeno in parte, di poter "affrettare" il Regno dei Cieli attraverso questa scorciatoia, più che attraverso la via della "santità della condotta" e della "pietà", come indicato invece in IIpt.3,11.

Oggi, dopo secoli e secoli di costantinianesimo, ritornati, o in via di tornare, minoranza in una società neo-pagana, multi-etnica e multi-religiosa, disponendo comunque di una quota di potere nei Paesi di moderna democrazia, possono guardare con profitto a quei primi secoli di martiri, di "testimoni", che non videro nella partecipazione al potere politico una via privilegiata per l'evangelizzazione e per la costruzione del Regno di Dio, ma posero piuttosto attenzione all'autenticità della loro fede e all'umile servizio del prossimo nell'intreccio dei rapporti umani immediati e quotidiani. Solo così, crediamo, la lezione della discussa esperienza costantiniana potrebbe essere messa definitivamente a frutto.

Nel prossimo capitolo cercheremo di riprendere, in modo più deciso rispetto a quanto lui abbia fatto, la distinzione abbozzata dal Paupert tra politica "sostanziale" - impegno diretto e immediato nella "realtà di fatto" - e politica "politicante".

Accenneremo alle mutate condizioni, rispetto al periodo "costantiniano", in cui si svolge l'attività politica oggi nei nostri Paesi post-cristiani, soprattutto per quanto riguarda il rapporto tra visione della vita, etica e politica, e agli effetti che questi mutamenti provocano troppo spesso su un "impegno politico" che si vuole ispirato dal Vangelo, ma che, di fatto, soggiace non poco al processo di immanentizzazione oggi prevalente e rischia di tradire le più profonde istanze evangeliche, la libertà dell'uomo prima di tutto, di cui la stessa democrazia moderna è, a suo modo, una manifestazione.

Capitolo settimo

Problemi posti dall' impegno politico
ai cristiani di oggi

La distinzione del Paupert tra politica "sostanziale", riguardante la realtà perenne dei bisogni e delle relazioni umane nella loro quotidianità e la politica "politicante", fatta di istituzioni e formalità di vario genere - in ogni caso indispensabili -, ricorda, come dicevamo, il binomio struttura/sovrastruttura di marxiana memoria e induce a pensare che il cristiano possa tradurre la propria responsabilità politica in due diversi modi di vivere la carità verso il prossimo: la vicinanza e la solidarietà diretta, immediata, da un lato, la partecipazione alla gestione del potere, per concorrere, in un'ottica cristiana, al modellamento della polis (e del cittadino), dall'altro.

Di fatto i cristiani del nostro tempo – i cattolici in particolare – hanno seguito questa linea di condotta, l'hanno abbondantemente teorizzata, suffragandola col ricorso alle Sacre Scritture, come appunto fa anche il Paupert e molto prima di lui aveva già fatto…Bossuet.

Per quanto concerne poi la politica "politicante" e la connessa partecipazione al potere, essi si sono spinti a definire l'impegno in quest'ultima come la forma più alta di carità, a nostro avviso più supportati da Platone che dal Vangelo di Cristo.

Ci sia pertanto consentito di riprendere, e possibilmente di approfondire, il problema al riguardo.

La prima – la politica "sostanziale" – può essere considerata azione politica in senso molto lato e concerne l'ampio spazio offerto alla nostra effettiva compromissione di (cittadini) cristiani con le indigenze e le sofferenze del mondo, non solo, anzi forse neppure principalmente, d'ordine materiale. E' qui, in questo mare senza confini, che il Vangelo ci chiede d'impegnare primariamente e senza troppe mediazioni il nostro amore, la nostra fraternità, la nostra "con-passione", senza nel contempo screditarci con le nostre divisioni tra credenti.

D'accordo, le nostre società moderne sono complesse, il nostro rapporto col prossimo può essere diretto oppure variamente mediato, si può parlare di Gemeinschaft e di Gesellschaft, comunità e società, ma non facciamone un alibi per voltarci dall'altra parte davanti a chi soffre, raccontandoci, come certi "rivoluzionari", che quel che importa è cambiare le strutture.

L'amore di Cristo, quello che Lui ci infonde attraverso il suo Spirito, non tollera sotterfugi, rimandi a condizioni più propizie, non fa dell'efficienza e della radicale trasformazione delle strutture una condizione sine qua non per intervenire.

Del resto, chi può misurare l'efficacia degli atti umani? Il seme che muore (a se stesso) affidandosi a Dio sa che ha messo la sua capacità generativa in buone mani.

Una carità operosa, discreta, paziente, la stessa carità di Dio, "che fa sorgere il suo sole sopra i malvagi e sopra i buoni, e fa piovere sopra i giusti e sopra gli ingiusti" (Mt.5,45) : essa è richiesta a ogni cristiano inserito, provvidenzialmente, nel grande intreccio delle relazioni inter-umane. Ricordiamo che il Dio della Bibbia, nella sua onnipotenza, non fa questione di quantità: cfr., per esempio, Giudici,7,1-9; IRe,17,7-16; Mc.12,42-44; Mt.14, 15-21, rispettivamente la cernita dei soldati di Gedeone, Elia a Sarepta, l'obolo della vedova nel Tempio, la moltiplicazione dei pani e dei pesci.

Se dunque per impegno politico del cristiano si intende l'amore non fatto di sole parole (cfr.IGv.3,18) verso ogni persona umana – a cominciare dai propri fratelli di fede -, si può senz'altro affermare che nessun cristiano potrebbe mai sottarsi a questa "politica sostanziale". Essa traduce la ricerca sincera e sempre rinnovata di incarnare la nostra fede in Cristo, come Lui si è fatto "carne" per noi. Questo è santificare noi stessi e il mondo, senza attardarci in sterili verifiche. E' un impegno senza fine, in cui la Chiesa tutta è guidata e sostenuta dallo Spirito.

E basta poco per rendersi conto che, come il Paupert, tutti coloro che nella Chiesa hanno riflettuto a lungo e con passione sul rapporto tra Vangelo e politica, hanno avuto come riferimento privilegiato della loro meditazione proprio questo ambito immenso della politica "sostanziale".

Se non fosse che oggi un linguaggio del genere verrebbe da molti avvertito come un disconoscimento della dimensione propriamente politica della carità cristiana, piuttosto che di "politica sostanziale" verrebbe da parlare di impegno caritativo tout court, inteso in tutta la sua quotidiana estensione.

Diverso invece ci sembra il caso della politica "politicienne", ossia di quella attività regolatrice della vita associata che passa attraverso la gestione del potere.

Anch'essa è strutturalmente necessaria al sussistere e all'incremento della vita comune di un popolo come dell'intera umanità, ma la partecipazione ad essa da parte di un cristiano pone, a nostro avviso, problemi più complessi di discernimento e di scelta, per cui non sarà sufficiente, crediamo, esortare i cristiani, o alcuni di loro, a impegnarsi comunque in politica, e potrà risultare avventato e poco caritatevole rinfacciarsi poi a vicenda di aver scelto "la strada sbagliata", "the wrong side of the way", come dicono gli Inglesi a proposito della guida a destra.

Sullo sfondo del discernimento e della scelta, per un cristiano, dovrà starci ovviamente la Verità e l'Amore di cui parla il Vangelo e tutto il Nuovo Testamento, quella Verità e quell'Amore che è Dio in persona come si è rivelato nel Figlio. Non dunque qualsiasi verità e qualsiasi amore.

Nella prima parte di questa riflessione abbiamo insistito sulle implicazioni inevitabili tra l'azione normativa del potere politico e l'etica, e tra questa e una Weltanschauung, visione della vita, più o meno ancorata ad una fede religiosa. Vorremmo qui richiamare e sviluppare brevemente quel discorso per aiutare il cristiano a mettere meglio a fuoco i problemi.

Risulta difficile verificare se nel corso della storia umana si sia mai data una gestione tanto autoritaria e violenta del potere da potersi fondare solo sulla volontà arbitraria di uno o di pochissimi uomini, senza il minimo richiamo ad una "tavola di valori" che gli stessi detentori del potere riconoscevano e a cui dicevano di ispirarsi. Riguardo agli stessi maggiori tiranni del secolo scorso oggi si parla enfaticamente di incarnazioni del "male assoluto", con questo riconoscendo in loro un'evidente intenzionalità etica.

Quel che sembra abbastanza evidente è che l'attività regolativa della vita associata, indipendentemente dalle forme di governo e dai modi più o meno autoritari di gestione del potere, ha cercato, nel corso della storia di città, regni e imperi, di appellarsi ad un complesso di indicazioni e di proibizioni scaturenti dalla sfera etico-religiosa, ritenuta primariamente dispositiva. L'utile si controlla con il buono, l'insieme conflittuale degli interessi con il riferimento al bene, anche se poi è forte la tendenza a far confluire il bene nell'utile; il bene comunque, inteso nella sua valenza propriamente etica, è sempre servito a ratificare l'utile, per rendere quest'ultimo pienamente accettabile dalla coscienza.

Conosciamo il caso tutto particolare d'Israele, dove il bene non è solo l'oggetto più o meno chiaro di un'intuizione etica originaria, ma Dio stesso che si rivela al suo popolo.

Sappiamo però anche che in tutto il mondo antico i codici e le varie tavole delle leggi, quando non espressamente suggeriti o consegnati dalla divinità ai legislatori, presupponevano pur sempre un docile riferimento alla volontà divina, manifesta nell'ordine cosmico come nella coscienza del singolo.

Non è fondamentalmente diversa neppure la concezione – potremmo ben dire "sacrale" – del nòmos, della legge, che si esprime nelle varie costituzioni delle città greche e nella successiva riflessione sulla natura della polis e delle leggi che la regolano, quale si ritrova nelle opere di Platone e Aristotele sull'argomento.

La civiltà giuridica romana, dalle Dodici Tavole in poi, si muove e si mantiene nel solco della tradizione ellenica.

Certo, i Greci del V secolo a.C. hanno conosciuto per tempo la critica razionalistica e corrosiva dei Sofisti, che tendeva a togliere ogni giustificazione etica e valoriale al nòmos, smascherandone l'origine puramente opportunistica e contrattuale, ma, per il momento, la diga eretta a difesa contro il relativismo dai pensatori più profondi e sistematici resistette, sostenuta com'era – cosa non da poco – anche dal comune sentire del popolo. I Sofisti non ebbero allora partita vinta e finirono nel discredito dei più.

Tuttavia il razionalismo (scientifico) greco aveva fatto ormai la sua comparsa, nell'analisi della natura come in quella della storia (Tucidide) e in quella dei rapporti fra éthos e nòmos.

Il successivo affermarsi del Cristianesimo nell'area della civiltà greco-romana consentì che la ragione ritrovasse una nuova e più intensa docilità nei confronti delle indicazioni etico-religiose, deducibili questa volta esplicitamente dall'evento cristiano, e anche sul piano della prassi e della speculazione politica, per almeno 1400/1500 anni a partire da Costantino, ogni attività regolativa della vita civile riconobbe la sua ispirazione primaria (formale o sostanziale che fosse) nella "legge di Dio", ritenuta evidente come "legge naturale" nel cosmo e nella coscienza personale, e ancor più esplicita e compiuta nella Rivelazione.

Ma il razionalismo antico, nella sua spregiudicata rivendicazione di libertà e indipendenza, fosse quello dei Sofisti o quello di un Lucrezio tra i Romani, non poteva non riemergere dopo e contro le grandi sintesi del pensiero scolastico medievale, anzi proprio favorito dal suo metodo spiccatamente razionale.

La tendenza "orizzontale" dell'Umanesimo-Rinascimento si manifestò in tutta la sua forza nel criticismo illuministico che investì ogni campo della vita e del sapere, dai costumi alla natura dell'umana conoscenza. Per farla breve, anche l'éthos e il nòmos, come già aveva suggerito discretamente Cartesio, cercarono il loro fondamento e il loro riconoscimento non più in una fantomatica volontà divina, quanto piuttosto nel rigore di una disamina razionalmente coerente.

La raison cartesiana, scientifico-sperimentale, sostituiva la vecchia ratio antico-medievale e si poneva come arbitra nel discernere – anzi…, nel "porre" – i valori veri da quelli illusori.

Da allora, e sempre di più fino ai nostri giorni,, quel tipo di ragione intende, o pretende, di essere l'unica abilitata a fornire un fondamento "oggettivo" a qualsiasi disposizione normativa, aldilà e al di sopra di ogni riferimento religioso e di ogni sistema di valori tradizionalmente acquisiti. Del resto è la stessa che ritiene di potere, poco alla volta, mediante l'osservazione e la rilevazione attenta dei fatti, sciogliere tutti gli enigmi del mondo e dare una risposta esauriente alle domande "ultime" dell'uomo (magari dimostrandogli…che non hanno senso).

Quando si arriva a questo punto, il circuito éthos-nòmos subisce dei forti contraccolpi.

Per un cristiano, la diagnosi impietosa di ogni paganesimo, vecchio e nuovo, contenuta nella lettera ai

Romani di san Paolo, 1,18-32 , nella sua radicalità mette a nudo la dinamica e gli esiti dell'autosufficienza umana. Invitiamo a rileggere con attenzione il passo per intero, anche per comprendere meglio il senso delle singole frasi che qui, per brevità, ci limitiamo a citare.

"...pur conoscendo Dio, non gli hanno dato gloria né gli hanno reso grazie come a Dio, ma hanno vaneggiato nei loro ragionamenti e si è ottenebrata la loro mente ottusa. Mentre si dichiaravano sapienti, sono diventati stolti e hanno cambiato la gloria dell'incorruttibile Dio con l'immagine e la figura dell'uomo corruttibile" (Rm.1,21-22); "Perciò Dio li ha abbandonati all'impurità secondo i desideri del loro cuore, sì da disonorare fra di loro i propri corpi, poiché essi hanno cambiato la verità di Dio con la menzogna e hanno venerato e adorato la creatura al posto del creatore" (Rm.1,24-25); "E poiché hanno disprezzato la conoscenza di Dio, Dio li ha abbandonati in balìa d'una intelligenza depravata, sicché commettono ciò che è indegno, colmi come sono di ogni sorta di ingiustizia, ecc." (Rm.1,28); " E pur conoscendo il giudizio di Dio, che cioè gli autori di tali cose meritano la morte, non solo continuano a farle, ma anche approvano chi le fa" (Rm.1,32).

Ricordando che Dio ha mandato il Figlio per offrire la salvezza a questo tipo di umanità, in cui ciascuno, cristiano o meno, può riconoscersi per la sua quota di "paganesimo", vale comunque la pena di porre attenzione ai rapporti di causa/effetto segnalati dall'Apostolo. Il rifiuto di riconoscere Dio può farsi passare per una forma di superiore intelligenza - "si dichiaravano sapienti" - , ma è la quintessenza della stoltezza; questa "stoltezza" porta dritto l'uomo ad ogni forma di idolatria, a cominciare dall'auto-esaltazione e dall'illusione di poter consistere in proprio; questa idolatria e questa auto-nomia (l'essere legge, norma a se stesso) non si ferma al livello intellettuale, ma coinvolge tutto l'essere e ha ben presto conseguenze sul piano morale: l'uomo che non ha più il suo centro in Dio diventa... uno "spostato" e cammina storto verso la sua rovina fino a quando, e a meno che, si volga di nuovo (si converta) verso Dio nel Figlio (pròs tòn theòn,Gv.1,1).

Dunque l'abiura, il distacco da Dio, quello che per la Bibbia è il peccato, già presente in ogni uomo e tale da oscurarne in parte la stessa percezione della volontà divina attraverso l'imperativo morale – donde una parziale, imperfetta, ricezione di essa nell'éthos – acquista vigore e gravità nella misura in cui l'esercizio di una razionalità pregiudizialmente agnostica conferisce valore normativo ad ogni fatto e comportamento osservato: "non solo continuano a farle, ma anche approvano chi le fa".

La tendenza a controllare razionalmente ciò che avviene in natura, tramutando in legge una catena di eventi, viene estesa, senza soluzione di continuità, dal campo del "necessario", del "deterministico", a quello dove vige la libertà di scelta, e quindi un giudizio di valore, così da "legittimare" come positivo , o quanto meno ammissibile e non sanzionabile, ciò che un riferimento all' "oltre" avrebbe considerato come un male. La pratica omosessuale dilaga? Constatato il fatto, si adegua la normativa per dichiararla equivalente all'eterosessualità.

In questo modo – e qui il cerchio si chiude – influenzando il costume, ossia l'éthos, che sempre meno recepirà la sensibilità morale primordiale, in quanto voce dell' "oltre", e sempre più si adeguerà alla facile norma-lizzazione introdotta dal nòmos.

Ciò che prima era avvertito come "trasgressivo", contrario alla volontà divina iscritta nella natura, viene normalizzato, se non addirittura indicato come un comportamento esemplare.

La sequenza éthos-nòmos che, in una civiltà e in una cultura aperta al trascendente, porta ad accogliere e a prescrivere nella norma ciò che nel costume, nei comportamenti, si ritiene più conforme alle originali indicazioni della coscienza morale, si trasforma - in una civiltà e in una cultura dominata da un razionalismo ateo e relativista - nella revisione dell'éthos e nella riscrittura del nòmos, secondo criteri di opportunità fissati di volta in volta da un uomo arbitro assoluto del suo destino.

"Voi sarete come gli dei, possedendo la conoscenza della felicità e dell'infelicità" (Gn.3,5)… Un "positivismo" etico-giuridico di natura immanentistica e contrattualistica sostituisce, con tutte le conseguenze che ne derivano, l'antica, se pur parziale, disponibilità a tener conto di Dio.

Ma se è vero, come già appariva chiaro agli antichi legislatori e filosofi, che il nòmos dà forma alla polis e questa, a sua volta, plasma con le sue prescrizioni il singolo cittadino, allora si può ben dire che il nòmos, l'attività politico-normativa, ha un forte impatto culturale, un peso considerevole, quando non decisivo, nella formazione dell'uomo.

In una situazione come quella odierna, caratterizzata dalla…"fede" esclusiva dell'uomo nella propria ragione autonoma – questo nei Paesi post-cristiani soprattutto - , il potere politico-giuridico tende ad assumersi la formazione dell'uomo "nuovo", moderno, finalmente libero dalle superstizioni, arbitro del proprio destino. Ma in quanto tale, nella sua auto-asserita razionalità e consequenzialità, lo fa - né potrebbe altrimenti - attraverso una "legge", un'azione impositiva e coercitiva, comunque sempre intimidatoria, non in quella linea della libertà che è intimamente propria del Vangelo, al punto da aver col tempo messo in crisi la stessa sintesi costantiniana.

Ci sovviene, riguardo a queste dinamiche, un breve passo del Menesseno platonico, nel quale Socrate intende ancora una volta perorare la causa dell'ottima Costituzione, come madre e maestra dell'ottimo cittadino (ateniese): "Nati e moralmente formati in tal modo [cioè sotto la guida provvidenziale degli dei, n.d.r.], gli antenati di costoro [gli Ateniesi] presero a organizzarsi secondo una certa costituzione politica, della quale è giusto parlare brevemente. E' difatti la costituzione politica che forma gli uomini, uomini buoni se buona, cattivi se cattiva [*sottolineatura nostra*]. – Ciò che ora importa è mostrare come i nostri progenitori siano stati allevati in una buona costituzione politica, grazie a cui essi furono virtuosi e per cui virtuosi sono i loro discendenti di oggi, ecc.[*sottolineatura nostra*]". (Menex. 238,c).

Chi da noi in Italia, fra gli entusiasti cultori della nostra Costituzione repubblicana – e magari anche di quella (meno apprezzata) europea – non sottoscriverebbe le considerazioni dell'antico saggio, vissuto 2500 anni or sono?

Eppure, a nostro avviso, assai diverse sono le premesse e le conclusioni del ragionamento platonico-socratico rispetto al modo di pensare del legislatore e del politico contemporaneo.

Nella pagina antica si parla esplicitamente di "buoni" e di "cattivi", di "virtuosi", e dunque di bene e di male, di virtù, in un contesto che non lascia dubbi sulla disponibilità della ragione umana a riconoscere e a seguire la volontà divina come fondamento ultimo del proprio deliberare. Non per nulla, in tutta la grandiosa riflessione platonica sulla politica, s'invoca l'intervento del saggio, del filosofo moralmente virtuoso, nell'orientare e reggere la vita della polis, in quanto, come si riteneva altrove anche del re, era persona più aperta al trascendente e quindi più adatta ad attingere la verità dalla sua fonte primaria, sovrumana e trascendente. Del resto, nelle Leggi, 697,c, di un legislatore o di uno Stato che privilegiasse nella sua opera legislativa altri beni (denaro, ecc.) ai beni dell'anima -"i primi beni sono quelli dell'anima" – si dice apertamente che "non farà né opera morale né politica ("outh'hòsion oute politikòn", dove però *"hosion"*, nella lingua greca antica, significa "morale" in quanto sancito dalla legge divina!).

Qui non ritroviamo nulla del moderno umanesimo autosufficiente e il legislatore è ancora considerato un tramite tra la divinità e il mondo degli uomini. Non è l'uomo che nella sua autarchia razionalistica dice l'ultima parola, ma è l'uomo che ancora riconosce ciò che lo precede e lo sovrasta e vi trae ispirazione per regolare le proprie scelte. E questo può avvenire perché questo riconoscimento e questo consenso non è un'invenzione di qualche saggio o filosofo, ma perché l'éthos, il modo di vivere, di pensare e di sentire è ancora larghissimamente orientato in tal senso. Al di là di qualche incipiente vampata illuministica, il mondo antico e medievale rimangono nell'alveo di una concezione del mondo etico-religiosa, in cui l'etica non può prescindere dal riferimento alla volontà divina, manifesta nella natura e nella coscienza.

Oggi questo, specie nelle società "democratiche" e "pluraliste" dell'Occidente post-cristiano, non è più il caso, se non in misura palesemente residuale; il che ripropone, in modo acuto, per i cristiani, il problema della partecipazione all'attività legislativa (ergo anche coercitiva) inerente all'esercizio del potere politico. Partecipare, a quale titolo e in che misura?

Due sono, abbiamo detto, secondo noi, gli elementi che più qualificano il contesto di questa eventuale partecipazione: il venir meno del consenso etico-religioso proprio della società "costantiniana" e l'affermarsi, più o meno in profondità, della gestione democratica del potere.

Del primo elemento abbiamo parlato, senza escludere di riprenderlo per qualche ulteriore precisazione; soffermiamoci ora brevemente sul secondo.

Guardando ai loro effetti congiunti, il problema della partecipazione dei cristiani alla gestione del potere si chiarirà, speriamo, nei suoi termini sostanziali.

In una moderna democrazia i cristiani, quelli almeno che cercano di vivere la loro fede in Cristo, si trovano, come cittadini, ad avere gli stessi diritti e doveri di chi non crede in Cristo o semplicemente non crede in Dio. La loro eventuale partecipazione alla gestione del potere politico, presentata correntemente come un diritto/dovere, pone loro, come del resto dovrebbe porre a tutti, una domanda: con quali criteri e con quali obiettivi utilizzerò la quota di potere che mi viene riconosciuta come cittadino, per di più se eletto per governare il Paese?

E la risposta sembra ovvia: come sistema di coordinate fondamentali terrò presente il Vangelo, non rinnegherò neppure uno iota delle indicazioni che dalla Parola di Dio mi potranno venire per le mie scelte di politico e di legislatore, senza dimenticare, se sono cattolico, che "nessuna scrittura profetica – quindi a maggior ragione la Parola evangelica – va soggetta a privata spiegazione"(IIPt.1,20). Dunque, per quanto concerne il nesso per me inscindibile tra etica e politica, mi guarderò bene dall'eludere le esigenze poste dalla Parola del Dio in cui credo, di diluirne la portata per cercare un accomodamento e un'intesa con chi per il suo modo di pensare e di vivere ha altri riferimenti.

Anche ammesso che per il cristiano impegnato oggi in politica questa risposta risulti ovvia e che vi si attenga con indomita fedeltà al Vangelo, il problema non si esaurisce nella possibilità o meno di cercare, ed eventualmente trovare, con queste premesse, un accordo con gli altri cogestori del potere, non cristiani o atei che siano, anche se di solito la questione sembra esaurirsi entro questi termini.

Vi è un problema di "compatibilità" non solo nei confronti degli altri legislatori e politici che hanno riferimenti e concezioni diverse del mondo e dell'uomo, ma anche nei confronti di tutti coloro – e sono il gran numero – che dovrà sottostare all'azione politica e alla legislazione prodotta. Per un cristiano almeno, la risoluzione positiva del primo problema – un accordo compatibile con le differenti opzioni fondamentali dei poltici/legislatori -, non risolve ipso facto il secondo, relativo al rapporto tra governante e governato. Non lo risolve perché non tiene sufficientemente conto del fatto che ogni potere politico/legislativo implica, per sua natura, una dose più o meno alta di coercizione nei confronti di coloro che vi sono soggetti.

Ora, questa coercizione è proprio ciò che l'annuncio evangelico, per sua intima natura, esclude, in quanto si rivolge alla libera decisione dell'uomo di accoglierlo o rifiutarlo. Certamente il Vangelo prevede che un sì o un no avrà delle conseguenze per chi implicitamente o esplicitamente lo pronuncia, ma sono conseguenze che solo chi crede può ritenere inevitabili; diverso è il caso della sanzione ad opera del potere politico/legislativo, che di norma colpisce immediatamente e inconfutabilmente la disobbedienza. Ragion per cui chi non crede in Cristo non pensa di dover rispondere a Lui delle sue scelte, non si sente condizionato né da un rapporto d'amore e di fiducia con Lui, né, tanto meno, da ciò che Egli promette o minaccia. Non si sente condizionato né da amore né da timore. Perché dunque dovrebbe sottostare, nelle sue scelte, alle prescrizioni che, in Suo nome, gli impongono ope legis, per via politico-legislativa, coloro che credono in Lui? Come potrà non avvertirla come una inaccettabile prevaricazione?

Si obietterà che ciò potrà avvenire in due casi entrambi "legittimi": o perché nella gestione del potere politico i cristiani sono in maggioranza, o perché i cogestori agnostici o di altra religione avranno riconosciuto la ragionevolezza delle proposte dei cristiani, indipendentemente da ogni posizione di fede, e le avranno sottoscritte.

Chi comunque dovrà poi attenersi alle dette prescrizioni potrà sempre pensare che esse siano il risultato di un compromesso raggiunto per ragioni di opportunità politica e sentirsi in ogni caso costretto a comportarsi secondo criteri che ritiene "oggettivamente" non validi.

Se io ritengo che il suicidio non sia una colpa, e tanto meno un peccato (che si ha solo in rapporto a Dio), perché una legge promulgata col concorso determinante dei cristiani deve impedirmi di porre fine alla mia vita quando lo ritenga per me un bene?

Se in casi del genere i cristiani riescono a imporre a tutta la comunità dei comportamenti in linea col loro punto di vista – che è poi, o dovrebbe essere, il punto di vista del Dio in cui credono -, non si ripiomba senz'altro in una situazione "costantiniana", o vetero-testamentaria, che presuppone un orientamento univoco del popolo governato, autoritativamente procurato?

Ma questo va contro la sensibilità democratica e, prima ancora, al comportamento del Cristo, che non ha mai imposto niente a nessuno.

Nei secoli costantiniani questo lo si è potuto in parte trascurare, ma l'azione del lievito evangelico ha reso la pasta meno disponibile a certi tipi di lavorazione.

Chi segue Cristo e le sue indicazioni nel cammino della vita ha oggi, per primo, più bisogno di ieri di essere in ogni momento consapevole che nessuno e nulla lo obbliga, né la comunità piccola o grande di cui fa parte, né le scelte fatte in precedenza, né, tanto meno, l'appartenenza ad uno Stato velatamente confessionale; nessuno o nulla, se non una relazione con un Dio che continuamente si rimette al tuo sì o al tuo no in un dialogo interpersonale. Nel Cristianesimo non trova posto – o almeno non dovrebbe trovarlo, specie ai nostri giorni – la costrizione a credere o a fingere pubblicamente di credere.

Ne consegue che per il cristiano è ammissibile solo un'etica di libertà, di una libertà che per lui, uomo di fede, sarà inabitata e orientata dallo Spirito di Dio, mentre per altri sarà la libertà di decidere secondo le evidenze della propria ragione autonoma.

Ma se la libertà di una ragione autosufficiente può portare, e in effetti storicamente ha portato, al relativismo o alla costrizione di una legge razionalistica – si veda il caso dello Stato etico -, la libertà cristianamente vissuta non può, o può sempre meno, ammettere forme di coercizione: per sé, ma, a tanto maggior ragione, per chi non condivide la stessa fede. Non può dunque tollerare di obbligare chicchessia ad assumere i propri orientamenti e comportamenti, in particolare ricorrendo all'esercizio del potere politico.

Il cristiano, oggi assai più di ieri, nel nuovo contesto sociale che abbiamo evocato, è tenuto dalla natura della sua stessa fede a testimoniare questa libertà, a mostrare di crederci fino in fondo, così come il suo Dio gli ha mostrato.

Se pertanto si troverà a gestire il potere politico, dovrà guardarsi, per interiore coerenza, da due pericoli maggiori: quello di tradire, per successivi compromessi e diluizioni, le esigenze evangeliche per una vita secondo Dio e quello, talora non meno insidioso, di stampo vagamente "costantiniano", di voler imporre agli altri i comportamenti, almeno in pubblico, richiesti dalla sua visione della vita.

Come cercheremo di illustrare fra poco, il peggior tradimento, derivante dal confluire dei due errori, sarebbe quello di offrire un consistente contributo all'edificazione di un nuovo Stato etico, né propriamente in linea con la libertà cristiana, né con quella perseguita dagli altri, una specie di educandato o di pio lao gai, in cui un moralismo farisaico e pesantemente manipolatorio si accredita come illuminata ed elitaria tecnica per una civile convivenza.

Conosciamo l'assunto liberale, secondo cui è giusto rivendicare la propria libertà finché non nuoce alla libertà degli altri.

La polemica antiliberale e anti-individualistica, che ha visto spesso i cattolici in prima linea, la riscoperta –

soprattutto col Vaticano II – della natura comunitaria della Chiesa, riscoperta a sua volta facilitata dall'enfasi che sul tema comunitario avevano posto i movimenti rivoluzionari social-comunisti, nonché le altre esperienze corporative e collettivistiche antiborghesi e antiliberali, sembrano confluire, malgrado le reciproche opposizioni, nel perseguimento di un'etica pubblica normativamente codificata. Il "politicamente corretto" tende ad imporsi con tutti i mezzi della comunicazione di massa come nuovo codice di comportamento etico-politico, caratterizzato da un alto tasso di opportunismo manipolatorio e prevaricatore. Si stanno redigendo le nuove tavole della legge, atte ad accogliere tutto ciò che appare conveniente ad una pacifica convivenza e accettabile da una coscienza personale non più disturbata o infastidita da intrusioni d'origine trascendente.

E la Chiesa, o almeno la maggioranza dei cristiani singolarmente presi e impegnati nelle "realtà temporali", sembrano propensi ad inserirsi in questo stream, a favorire l'approdo ad un rinnovato sistema di valori e di comportamenti politicamente garantiti. Propensi e qualche volta succubi , vuoi per calcolo o, più semplicemente, per facioneria.

Per giustificarsi si appellano all'amore universale, che, se fosse correttamente inteso e vissuto nel suo significato evangelico, non tollererebbe, né tanto meno alimenterebbe, un'insostenibile e assurda contrapposizione tra agàpe e lògos, tra amore, conoscenza e verità, due modi di essere di Dio, secondo il vangelo di Giovanni in particolare.

Si sostiene che la responsabilità di concorrere all'edificazione di una società giusta e pacifica non consente irrigidimenti su "princìpi" che gli altri non riconoscono, il riferimento troppo insistito ad una Verità che pure nel Vangelo si presenta come tale, mentre gli altri ritengono che la direzione del cammino si possa scoprire solo per tentativi razionalmente ispirati; di qui, si ripete incessantemente, la necessità di un'instancabile mediazione, soprattutto (quando non esclusivamente) con coloro che sembrano accreditarsi per una maggiore sensibilità all'amore e alla giustizia (nella fattispecie i "progressisti").

E a proposito di amore e di giustizia, si è forse dimenticata l'esigenza propria del pensiero medievale, che, per chiarirsi le idee, riteneva indispensabile e previa l' "explanatio verborum", una chiara spiegazione del significato che si attribuisce alle parole (e alle realtà che esse sottendono).

Sta di fatto che la consegna, soprattutto per il cristiano impegnato in politica, è la "mediazione", con quel tanto di taumaturgico che essa sembra portare con sé.

Forse sarà anche che il termine ha una lunga tradizione nella teologia e nella pietà cristiana. "Mediatore" è anzitutto il Cristo, il Figlio di Dio fatto uomo, il Lògos giovanneo: suo compito è quello di riconciliare l'uomo con Dio.

Poi "mediatrice" è anche la Madre di Lui, Maria, anche se in modo subordinato, e poi i santi, intercessori e mediatori di grazie a loro volta.

Per successive derivazioni, si è concepita la mediazione necessaria tra la volontà di Dio e le "realtà temporali", in una certa misura dotate di una loro autonomia creaturale.

Di qui l'opera di mediazione dei cristiani nei confronti delle idee, dei modi e delle concezioni di vita, della "cultura" di coloro che ancora non hanno accolto l'annuncio evangelico e magari se ne proclamano ostili o indifferenti. La mediazione sarebbe una forma di testimonianza e un preambolo di evangelizzazione; in ogni caso un modo per vivere la carità.

Tutto vero? I risultati di questa scelta non appaiono inequivocabilmente positivi, né per quanto riguarda i modi di cogestione del potere, né, tantomeno, per quanto attiene alla testimonianza cristiana, se solo si guarda alle esperienze recenti.

E' il concetto stesso di mediazione che andrebbe precisato a seconda dell'applicazione che se ne vuol fare. Parlare, ad esempio, dell' "opera mediatrice" di Cristo nei confronti dell'umanità peccatrice non può avere lo stesso significato che parlare di mediazione tra opzioni umane diverse e contrastanti.

Nel primo caso è Dio stesso, nella persona del Figlio, che offre all'uomo la possibilità di ritornare a Lui, e quindi di sfuggire alla morte e di ritrovare la vita. Non ci sono due contraenti, più o meno sullo stesso piano,

Dio da una parte e l'uomo dall'altra, che il Figlio tenta di mettere d'accordo; è Dio stesso che, nella sua onnipotenza, si fa "carne", assume tutta la fragilità dell'uomo rimasto in balìa di se stesso e del "Principe" di questo mondo e la redime con un atto salvifico che Lui solo, e non l'uomo, poteva compiere nel suo amore misericordioso. C'è un Dio che perdona e un uomo cui questo perdono è offerto, insieme alla possibilità di una vita e di una felicità eterne; non può ovviamente valere il contrario.

Più prossima alla transazione commerciale – nell'ambito della quale era, e forse è ancora, correntemente usato il termine – risulta invece la mediazione tra uomini, su un piano di sostanziale parità. Sarà per i ricordi della mia lontana giovinezza, ma a me, figlio di un piccolo commerciante di prodotti agricoli, la mediazione di questo secondo tipo suscita sempre l'immagine, ormai sbiadita, ma ancora un po' molesta, del vecchio "mediatore", o "mezzano", che con la sua sperimentata abilità manovriera s'intrufolava in ogni operazione di scambio, commerciale o matrimoniale, con la preoccupazione eminente di portare a casa il suo guadagno, più ancora che di concorrere ad una stipulazione equa degli accordi.

Ora, non c'è dubbio che una trattativa per raggiungere un'intesa fra posizioni politiche diverse e talora assai lontane, in cui sono implicate non solo questioni d'interesse e d'utilità immediata, ma anche orientamenti di natura etica e religiosa, si colloca – o dovrebbe collocarsi – nell'intenzione dei soggetti implicati su un piano più elevato. Tuttavia il paradigma di fondo rimane immutato: si tira da una parte e dall'altra, facendo concessioni per raggiungere l'accordo.

E' anche evidente che ci sono comportamenti e situazioni su cui, nel confronto fra le parti, sarà più facile pervenire ad una valutazione quasi-unanime. Ammazzare, rubare, per esempio, sono atti intollerabili per la sensibilità morale di tutti i cittadini e quindi sanzionabili. I cristiani si troveranno dunque facilmente in consonanza con tutti gli altri (al punto da confondersi con loro e di rendere superflua la loro presenza in fase legislativa). Nessuno dei governati , al tempo stesso, si sentirà costretto dalla legge a comportarsi in modo difforme da quanto gli suggerisce la sua coscienza (almeno si spera...).

Ma, a parte il fatto che anche norme universalmente condivise possono far posto ad eccezioni – si pensi soltanto, a proposito del "non uccidere", al caso della guerra (di difesa, ovviamente...), a proposito del "non rubare", a situazioni di indigenza, ecc. –, come raggiungere il consenso, tra cristiani e agnostici, su questioni ben note, implicanti una presa di posizione a livello politico-giuridico, quali l'eutanasia, l'aborto, il divorzio, il matrimonio e l'adozione da parte di coppie omosessuali e così via? Come incontrarsi, oggi, con gli islamici, o con gran parte di loro, sul tema del jihad o sulla condizione della donna?

A questo punto il cristiano che fa?

O stiracchia il Vangelo, e l'etica che ne discende – la quale, a onor del vero, non è diluibile in un generico concetto di amore del prossimo, con buona pace di tutti gli "entusiasti" - , fino ad appiattirsi per quieto vivere sulle posizioni altrui, oppure riesce a convincere i cogestori del potere decisionale, o a prevalere su di loro per maggioranza numerica in parlamento, e impone a tutti i governati il suo punto di vista attraverso una precisa legislazione.

Anche questa seconda soluzione, tuttavia, è molto più in linea con Costantino che con la libertà evangelica.

Dunque la tanto acclamata "mediazione" sembra esporre il cristiano a tre rischi non da poco:

a) Il tradimento delle "istanze irrinunciabili", se non altro considerandole parzialmente rinunciabili;

b) L'irrilevanza della propria partecipazione al potere nel caso che il consenso su un'ampia gamma d'interventi normativi risulti generalizzato (non ammazzare, non rubare, ecc., nonché, forse, il vastissimo campo dei provvedimenti amministrativi);

c) L'imposizione, per concessione della controparte o grazie alla maggioranza numerica in sede legislativa, di una Weltanschauung che è loro propria, con tutto quanto ne consegue in termini di obbedienza forzata da parte di chi ne dissente.

Circa il punto a) in particolare, molti cristiani "aperturisti" giustificheranno comunque il loro impegno in politica dicendo che è pur necessario pagare un prezzo per costruire la pace ed evangelizzare il mondo.

A questo proposito si potrebbero utilmente interrogare i vangeli per capire meglio di che pace si sta parlando.

Ma per quanto concerne lo strumento della mediazione politica – così come, del resto, dell'esercizio autocratico del potere (vedi Costantino), – ai fini dell'evangelizzazione, c'è da chiedersi, ancora una volta, quale spazio assegni ad essa il Cristo dei Vangeli – e, sulla sua scia, gli Apostoli, i martiri, i santi tutti – nel suo insegnamento.

Lui, il "mediatore" fra Dio e gli uomini, quanto è propenso alla mediazione per quanto riguarda ciò che Dio chiede all'uomo?

I Vangeli sono disseminati di affermazioni e di comportamenti in cui Egli esclude ogni possibilità al riguardo. Ci limiteremo a due o tre citazioni fra una miriade.

Riferito al povero Pietro:: "Passa dietro di me, satana! Tu mi sei di scandalo, perché non pensi secondo Dio, ma secondo gli uomini" (Mt, 16,23 ; agli apostoli perplessi dopo la defezione della folla: "forse anche voi volete andarvene?" (Gv.6,67); ai discepoli inviati in missione: " Se in qualche luogo non vi riceveranno e non vi ascolteranno, andandovene, scuotete la polvere di sotto ai vostri piedi, a testimonianza per loro" (Mc.6,11). (<u>Notare che qui la testimonianza consiste proprio nell'assenza di mediazione!...</u>).

Dio offre la sua alleanza, sostiene, rimprovera, rialza, perdona, salva chi si lascia salvare, ma non contratta con gli uomini.

Nel contesto del razionalismo trionfante del secolo XVII si è potuta concepire e teorizzare l'origine contrattualistica della vita sociale e dello Stato, secondo cui ogni singolo cittadino, individualmente, utilizza la sua quota di potere per accedere (utilitaristicamente) ad un contratto sociale collettivo, e protettivo della comunità così costituita. Ma nella visione biblica delle cose, sia nell'Antico che nel Nuovo Testamento, non è concepibile un rapporto alla pari tra Dio e gli uomini sue creature.

Come può dunque questo conciliarsi con una visione del mondo, qual è spesso quella del razionalismo relativistico e agnostico contemporaneo, che fa dell'uomo il centro della conoscenza in ogni campo, compreso quello morale, e l'arbitro incontrastato del proprio destino?

L'uomo la vita se l'è trovata, non se l'è data – tutt'al più è in suo potere di darsi la morte -; eppure oggi pensa di poterne disporre secondo i suggerimenti di una ragione autosufficiente.

Qualche esempio? Prendiamolo fra i più noti.

Per chi non fa riferimento alla volontà di Dio, ma parte da una concezione semplicemente "naturalistica" della vita umana, il feto in grembo ad una donna, pur non potendosi in alcun modo negare che sia un uomo in formazione, fin tanto che non è uscito vivente dall'utero materno può essere ritenuto alla stregua di un "semilavorato" a disposizione della madre o di chi per essa.

La stessa cosa dicasi per l'unione coniugale fra uomo e donna, sancita dal Cristo come irrevocabile e ritenuta invece, in un'ottica immanentistica, sostituibile, un po' sulla falsariga di un'azienda dismessa.

Per non parlare della relativizzazione della differenza sessuale, con l'orgogliosa rivendicazione del "diritto" degli omosessuali a sposarsi tra loro e ad adottare bambini: tanto un rapporto sessuale c'è e c'è pure amore tra i coniugi: "faber est suae quisque fortunae", ciascuno fa quel che gli pare e piace e chiede pure un riconoscimento pubblico, sancito a livello politico-legislativo.

In questi, come in altri casi del genere in crescita esponenziale, è in gioco un "ordine creaturale" che il soggettivismo moderno ritiene quanto meno opinabile e modificabile secondo convenienza - salvo poi lamentarsi dei disastri "ecologici"...-, ma che il credente in Dio, e in particolare nel Dio rivelato in Cristo, riconosce come espressione della volontà e dell'amore di Dio.

Ora, tutta queste rivendicazioni – polemiche – di una libertà umana che intende disporre di sé senza riferimenti alla signoria di Dio sulla vita e sul mondo – ritenuta aleatoria o immaginaria – reclamano una traduzione giuridica; il sistema di leggi che regola la vita civile sembra non possa esimersi dal recepirle quali "diritti" inalienabili.

Su cosa sia propriamente un diritto andrebbe forse a questo punto discusso, se non altro perché si vengono sempre più spesso a creare, per questa via, conflitti clamorosi fra diritti opposti, per esempio quello di abortire riconosciuto alla madre e quello alla vita del nascituro.

Noi abbiamo l'impressione che il fondamento del diritto, come, d'altra parte, del precetto morale (per es.: non uccidere, non rubare, ecc.), in un'ottica razionalistica e naturalistica sia fragilissimo, fino a coincidere con una constatazione di fatto trasformata in un imperativo del desiderio.

Sei in vita? Dunque, salvo casi particolari, per natura desideri restarci. Ergo nessuno <u>deve</u> toglierti di tra i viventi (hai diritto di vivere). Perché <u>deve</u> o <u>non deve</u>? Perché la vita è…sacra; perché la vita è…un diritto.

Risposte risibili, tautologiche, che ben mostrano come l'eclissi di Dio riservi all'etica – e al diritto – la stessa sorte del ramo secco staccato dall'albero.

Tutt'al più si potrà giustificare la condanna dell'omicidio o del furto, in un'ottica di razionalità immanentistica, con un discorso di pretto stampo utilitaristico: meglio non uccidere, non danneggiare l'altro, per non innescare una reazione per cui potresti poi tu stesso venir ucciso o danneggiato. Considerazioni tecniche di convivenza, appunto. Ma sappiamo anche come la differenza di forza e di astuzia fra i mortali non garantisca gran che il successo di queste tecniche…

Il bene e il male viene comunque ricondotto, per calcolo razionale, all'utile e al disutile. Homo homini lupus: così nasce il Leviatano di Hobbes…

Altra cosa sarebbe dire, in un'ottica di paternità divina e di conseguente fraternità universale, "Tutto quanto volete che gli uomini facciano a voi, anche voi fatelo a loro: questa infatti è la Legge e i Profeti" (Mt. 7,12). Perché io non voglio solo non essere ucciso o derubato, ma voglio anche essere amato: come essere umano non posso mettere in conto soltanto, sulla spinta della paura e dell'istinto di autoconservazione, costi e benefici; ancora più vitale per me, a differenza degli altri animali, è la relazione d'amore, in tutta la sua estensione. E l'amore è tanto più tale quanto meno è egoistico. In questa indicazione, come in tante altre ricavabili dal Vangelo – per es. quella di amare anche i propri nemici – il movente del proprio comportamento non è più riconducibile ad un freddo calcolo ("loghìzomai") che pondera vantaggi e svantaggi, ma è l'insorgere forte, drammatico, di un'istanza di gratuità, che accorda e riconosce all'altro un rispetto e una dignità quale primo, sobrio, ma radicale atto d'amore.

In questo atto, mentre riconosci implicitamente di avere un valore inestimabile che ti deriva da un originario essere amato dal tuo Creatore, senti che non puoi fare altrimenti nei confronti del tuo prossimo, a meno di bloccare il circuito stesso dell'amore. E se l'altro non lo "merita"? La radicalità dell'amore cristiano consiste proprio nello sbloccare il circuito; il perdono dei nemici, ma anche ogni superamento dell'interesse e delle resistenze personali, è offerta gratuita, immolazione per amore. Qui è la vera radice dell'atto morale.

Chi concepisce e teorizza un'etica come "tecnica della convivenza" applica all'atto morale, se ne renda conto o meno, lo stesso tipo di indagine razionale che viene opportunamente applicata nelle scienze della natura, laddove l'oggetto del conoscere coinvolge solo le nostre capacità di analisi, ma lascia indisturbato il resto della nostra persona. Quando descriviamo o cerchiamo di ricostruire e di interpretare un fenomeno naturale, la nostra emotività profonda, i nostri interrogativi più nascosti e radicali, i nostri sentimenti, la nostra propensione ad amare o ad odiare, ecc. non sono implicati: non stiamo vivendo un dramma.

Ma se utilizziamo questo metodo d'indagine per scrutare la natura e la dinamica del nostro comportamento etico – o estetico -, e in generale tutta la sfera della libertà umana, noi ci auto-inganniamo sui risultati raggiunti e inganniamo gli altri, facendo loro credere che la scelta morale non abbia nulla di intimamente drammatico e misterioso al tempo stesso. Con la nostra scienza elaborata per indagare le relazioni tra le cose e tra le cose e noi, abbiamo invaso, magari senza rendercene conto, il campo delle relazioni fra di noi, persone umane e, ad un livello ulteriore, il campo della nostra primordiale relazione con Dio, sulle quali non è dato il controllo che ci è possibile ottenere sulle cose.

Ora, nel momento in cui l'evento cristiano rischiara l'intima natura del comportamento morale dell'uomo, riconducendolo alla sua fonte – un Dio che è amore -, fino a che punto sarà possibile per un cristiano acquietarsi, di mediazione in mediazione, in un'etica acefala che disconosce il suo ultimo fondamento e si vuole prodotta da un'umana, autonoma "saggezza"?

E nella misura in cui, come abbiamo detto, la politica e l'attività legislativa sono inseparabili dal diritto e dalla morale, ossia da una certa visione che l'uomo ha del mondo e di se stesso, il problema dei limiti e della stessa possibilità di una mediazione si ripropone in tutta la sua gravità.

Man mano che il lievito evangelico si disvela nella sua radicale alterità rispetto a tutti i fermenti attivi nella pasta, a tutte le indicazioni di una sapienza umanamente autarchica, s'impone un aut-aut che fa saltare ogni compromesso, ivi compreso quello costantiniano.

Si può continuare a credere che l'occupazione o la cogestione del potere da parte dei cittadini cristiani sia per loro un modo privilegiato per vivere la carità e rendere testimonianza a Cristo?

Soprattutto, possono essi stabilire di volta in volta la misura, i criteri e i modi di proponibilità del Vangelo in base alla preoccupazione che siano politicamente compatibili? Dal Vangelo sembrerebbe proprio di no.

Conclusione:

Riconsiderazione e ridimensionamento

dell' "impegno politico" da parte dei cristiani

Riassumiamo. Il cristiano crede che Dio, il Dio unico e vero, creatore e signore del cielo e della terra, si è fatto carne ed è venuto ad abitare in mezzo a noi, uomini sue creature, per offrirci la possibilità di vivere già qui, su questa terra, le primizie di una vita divina, in attesa di una comunione piena con Lui oltre la morte. Il Figlio, il Logos di Dio, il Cristo signore, si è fatto uomo essenzialmente per restaurare nella sua originaria integrità la relazione dell'uomo con Dio, relazione primaria, fondante di tutte le altre relazioni dell'uomo con l'universo intero e con i suoi simili.

Il Cristo viene a rinnovare i rapporti tra gli uomini grazie e attraverso questo rinnovamento in radice del rapporto dell'uomo con Dio. Ed è Dio – non l'uomo – che solo può offrire la possibilità di questo rinnovamento, di questo ritorno della creatura al suo Creatore. E' Dio che offre se stesso, la sua "nuova ed eterna alleanza", perché nessun uomo può appropriarsi di Dio.

Per riutilizzare i termini di cui ci siamo serviti nel corso di questa meditazione, Dio, facendosi uomo, per una sorta di "coincidenza degli opposti", riafferma il primato della dimensione "verticale" su quella "orizzontale".

Secoli e secoli di spiritualità incarnazionista, specie in Occidente, non possono fungere da alibi per un ripiegamento immanentistico, per un rannicchiamento dell'uomo su se stesso, visto che Dio si è fatto uno di noi. Questa atrofizzazione, questa asfissia antropocentrica, questo "pnìgos" dell'hic et nunc, è tutt'altro che assente nell'orientamento di spirito di molti cristiani di oggi.

Con l'argomento che Dio, in Cristo, si è fatto uomo si può essere portati, insensibilmente, a credere e a pensare che ormai il centro di tutto sia l'uomo e non Dio, che, per così dire, Dio si sia risolto nell'uomo. Esattamente quello che l'uomo da sempre cerca di ottenere – una specie di fagocitosi – e che il percorso post-cristiano della civiltà occidentale addita come esito scontato del divenire storico.

Ma l'annuncio evangelico, custodito nella sua integrità, non va affatto in questa direzione. Se si può parlare, entro certi limiti ben precisi, di un umanesimo cristiano, di certo il Cristo non è venuto a proporre e a promuovere l'auto-esaltazione o l'auto-divinizzazione dell'uomo. E' venuto piuttosto ad offrirgli la salvezza dalla sua mortale illusione di autosufficienza.

Anche se il Cristo ha svelato il fondamento ultimo dell'agire morale, non per questo è venuto a dare i più efficaci suggerimenti grazie ai quali gli uomini sappiano gestire nel modo più gratificante i loro rapporti reciproci in questo loro breve soggiorno terreno. In parole più semplici, il suo scopo non era quello di fornirci un vademecum per stare il meglio possibile fra di noi, visto il modo in cui siamo fatti. Non è venuto per portare la pace intesa come tranquillità e benessere (cfr. Mt.10,34). Pensare questo sarebbe banale riduzionismo moral-politico "buonista" di carattere contingente. Il Figlio di Dio non si lascia rinchiudere in un'ottica totalmente, o anche solo prevalentemente, "orizzontale". Valgano al riguardo almeno queste due citazioni: Lc.2,49: "Non sapevate che io devo occuparmi delle cose del Padre mio?"; Mt.16,23: "Tu mi sei di scandalo, perché non pensi secondo Dio, ma secondo gli uomini"(lett.: "non pensi le cose di Dio, ma quelle degli uomini").

Come già nell'Antico Testamento, anche nel Nuovo, anzi questa volta in forma decisamente ultimativa e radicale, il Dio della Bibbia non accetta di ammorbidire le sue esigenze, anche se poi sa bene di che cosa siamo fatti e ci prende misericordiosamente per mano.

Se l'uomo si riconosce per quello che è, lo aiuta e lo salva; se invece pretende, un po' come Pietro, di fargli dire o fare quello che umanamente sarebbe più utile e saggio, prende le distanze.

C'è dunque una logica e una sapienza tutta umana, che va purificata, liberata, salvata.

E così c'è una morale tutta umana che ha bisogno dello stesso trattamento da parte dello Spirito di Dio.

L'uomo di oggi, specie quello occidentale post-cristiano, che ritiene di fabbricarsi una morale, una norma di vita, in base al lume della propria ragione e alla conoscenza dei propri dinamismi naturali, di fatto, poi, recepisce spesso, anche a sua insaputa, un certo segnale che viene dall'oltre, per quanto indebolito. E' questa la ragione per cui, aldilà dei sofismi intellettualistici dei pochi, si conserva provvidenzialmente nei più una residua sensibilità morale, una certa docilità ancora diffusa ai richiami che vengono dal nucleo segreto e misterioso della propria "coscienza".

Ma questa sensibilità morale, che sollecita interiormente il superamento dell'egoismo utilitaristico, se da un lato può essere la premessa ad un'apertura al trascendente, dall'altro può anche generare una specie di autocompiacimento narcisistico e la rivendicazione della propria "giustizia".

Per il Dio della Bibbia – Antico e Nuovo Testamento -, tuttavia, "giusto" è solo colui che si lascia "giustificare", ossia rendere giusto da Dio stesso. Vi è una morale e una giustizia liberata, resa autentica da

Dio, che Dio solo può offrire all'uomo a condizione che questi la chieda e la implori.

E' la giustizia (e la morale) di chi permane in relazione e in comunione con Dio, ricevendone quell'intelligenza e quell'amore che lo rende capace di riamare Dio e di amare gli uomini come Dio li ha amati.

Al di fuori di questa prospettiva comunionale con Dio la stessa sensibilità morale congenita rimane esposta ad ogni genere di falsificazioni.

Certo, l'esperienza quotidiana dimostra che gli uomini sono attrezzati per amare, perdonare e vivere moralmente, almeno entro certi limiti; in caso contrario, non potrebbero neppure capire Dio quando parla loro di queste cose. Non di rado, comunque, essi sperimentano in questo campo rovinosi fallimenti e una notevole dose d'impotenza a superare ostacoli e resistenze.

La loro libertà è messa a dura prova. C'è chi, alla dolorosa scoperta del limite o del fallimento, conclude per l'inconsistenza dell'amore, della morale, della giustizia, riducendo il tutto ad un bel sogno che svanisce con gli anni. C'è chi si assesta – come avviene nel campo della conoscenza della natura – in una provvisorietà relativistica, quasi compiaciuto del limite perché gli consente di proseguire nella ricerca di una verità sempre parziale.

Sia l'uno che l'altro hanno in comune l'opzione preliminare di fare affidamento solo su se stessi ed eventualmente su altri uomini. Il credente nel Dio della

Bibbia, al contrario, sa che non può prescindere dal suo Dio, che è per lui inderogabilmente "Via, Verità e Vita". Se ancora, fin che vive su questa terra, non è stato compiutamente e definitamente unito al Dio di verità e di vita, in grazia della sua fede in Lui sa di essere comunque sulla via giusta, di essere guidato verso la méta e non fuori strada. Non per suo merito, beninteso, ma per un dono ricevuto e che sempre di nuovo chiede e riceve.

Ora, se applichiamo queste considerazioni all'impegno del cristiano in politica, non possiamo anzitutto non dedurne che nessuna appartenenza alla pòlis, nessuna partecipazione alla vita pubblica, nessuna qualifica di "cittadino" può giustificare una qualsiasi forma di scissione interiore tra fedeltà a Dio e fedeltà alle esigenze di pacifica e amichevole convivenza con gli uomini, ogni volta che quest'ultima richieda, per sussistere, l'avallo di scelte e comportamenti incompatibili col Vangelo di Cristo.

Questo varrà, se possibile, ancora di più a proposito della partecipazione del cristiano alla politica "politicienne", alla gestione del potere e all'assunzione di importanti cariche pubbliche, attraverso le quali si può incidere profondamente e coercitivamente sulla vita degli altri, sul nòmos e sull'éthos.

Va da sé che questo riguarda anche l'esercizio del potere giudiziario, che oggi più di ieri tende a farsi carico di compiti di orientamento globale della società fino a poco tempo fa riservati al potere politico.

Per quanto indigeribile possa risultare a certo sincretismo strisciante tipico di una società multietnica e multiculturale, l'avvertimento di Paolo in IICor.6,14-16 conserva per il cristiano il suo intatto valore: " Non lasciatevi legare al giogo estraneo degli infedeli. Quale rapporto infatti ci può essere tra la giustizia e l'iniquità, o quale unione tra la luce e le tenebre? Quale intesa tra Cristo e Beliar, o quale collaborazione tra un fedele e un infedele? Quale accordo tra il tempio di Dio e gli idoli? Noi siamo infatti il tempio del Dio vivente, come Dio stesso ha detto, ecc.".

Notiamo di passaggio che questa "intesa", questa ", collaborazione", o complicità che dir si voglia, tende sempre ad instaurarsi dentro ciascuno di noi, tra due sollecitazioni antitetiche, quella di Dio e quella del "mondo", prima di concretizzarsi nei rapporti con gli altri: sarà bene che il cristiano ne resti consapevole, come forse lo era di più in altre epoche.

Giudicata alla luce del Vangelo la gestione del potere politico da parte del cristiano è esposta, come già abbiamo rilevato, a due tentazioni maggiori: quella di imporre agli altri una fede e una condotta di vita che per loro non è accettabile e quella di sintonizzarsi su un progetto e una visione del mondo che può inglobare parzialmente prospettive e valori cristiani, ma depotenziati e residuali, ridotti ad elementi di una sapienza etica umana estranea, quando non ostile, alla fede in Cristo salvatore.

La prima tentazione, lo abbiamo ormai tante volte sottolineato, è quella – relativamente in…buona fede e più propria dei tempi passati, per loro natura più autoritari – che si è per lunghi secoli concretizzata nella soluzione "costantiniana".

Oggi non trova più il terreno propizio di un tempo, per il fatto, dicevamo, che la società moderna, almeno in Occidente, non è più coesa (ammesso che lo sia per altri versi…) intorno alla visione cristiana dell'esistenza e per la concomitante affermazione di un potere politico più partecipato, un po' meno elitario e un po' più democratico.

Sussiste molto meno, insomma, il rischio che la Chiesa tenti di fagocitare il mondo, battezzandolo contro voglia. E questo è bene, anzi è in buona parte un frutto del lievito evangelico, che ha portato a meglio scoprire la fondamentale libertà, dignità e responsabilità del singolo , così come Dio gliel'ha conferita in vista di una decisione consapevole pro o contro di Lui.

Sussiste, se mai, il rischio opposto (del resto non nuovo e segnalato dal passo di san Paolo sopra riportato): che cioè il "mondo" inglobi la Chiesa, o piuttosto i singoli cristiani in numero considerevole, con la loro sostanziale complicità di principio o di fatto.

Quando questo accade, quelli tra i cristiani "sedotti" che si addossano con impeto l'impegno politico si espongono comunque pur sempre anche alla vecchia tentazione costantiniana da loro tanto deprecata, nella misura in cui aspirano, attraverso l'esercizio della quota di potere da loro conquistata, a costruire un fac-simile del Regno dei Cieli, opportunamente secolarizzato.

Ne risulta che anch'essi perseguono, in relativa buona fede, il disegno di una società eticamente orientata, in cui la libertà del singolo è tanto più ristretta quanto più lo Stato pedagogo che essi dirigono si avvale dei suoi potenti mezzi di persuasione non scevri di una certa congenita violenza: alludiamo in particolare alla legislazione e alla pressione mediatica asservita al potere.

Qui ancora si verifica, da parte di coloro che gestiscono il potere, un più o meno consapevole ricorso al "braccio secolare", col comune proposito di formare "l'uomo nuovo", eticamente e politicamente corretto, "giusto", in un'accezione che ignora o comunque mette tra parentesi l'intervento giustificante di Dio.

E' questo l'antico sogno (narcisistico) di un'umanità "adulta" che stabilisce di comune accordo ciò che è bene e ciò che è male, che scopre da sola la via che porta alla felicità, via disegnata e sorvegliata da uno Stato etico, nonché – ça va sans dire – da una Magistratura "organica".

I cristiani che oggi concorrono ad erigere, per via politica e fra mille compromessi, questo supereducandato, questo riformatorio, assecondando il moralismo e il giustizialismo dilagante, non di rado atteggiandosi essi per primi a profeti fustigatori, non si rendono conto di sostituirsi anch'essi al Dio della salvezza e della libertà.

Tra di loro si fa un gran parlare di costruire la giustizia del Regno.

Lasciando da parte la notevole distanza, già più volte richiamata, che intercorre tra il significato di "giustizia" e di "giusto" nella Bibbia e quello più strettamente distributivo ed egualitario di tali termini nell'uso corrente – ragione che ne sconsiglierebbe un uso troppo promiscuo -, non è difficile cogliere proprio in espressioni del genere quella curvatura antropocentrica (un po' come la curvatura dello spazio einsteiniano…) che veniamo denunciando dall'inizio di queste riflessioni e che costituisce la tentazione perenne dell'uomo che da creatura ambisce a farsi creatore.

Se andiamo a leggere i Vangeli a proposito del Regno, non capita mai d'incontrare, in relazione ad esso, parole come "costruire" o simili, come se tutto, o la maggior parte, fosse affidato alla buona volontà, allo sforzo e alle capacità di realizzazione degli uomini (credenti compresi).

Vi si trovano piuttosto verbi del genere: "cercare, annunciare, proclamare, accogliere, attendere, entrare, ereditare". Vi si trova persino la parabola del contadino che, "dorma o stia sveglio, di notte o di giorno…il seme germoglia e cresce" (Mc.4,27).

Del resto, già in Isaia 30,15, il profeta ricorda agli agitati del suo tempo: "Nella conversione e nella calma sta la vostra salvezza/, nell'abbandono confidente sta la vostra forza", con quel che segue.

In Gesù Cristo e nella potenza trasformatrice dello Spirito, il Regno è dato, così come è dato il mondo e noi a noi stessi, aldilà delle farneticazioni autistiche di certi fisici contemporanei, secondo i quali il mondo esiste solo nel momento in cui, con la nostra attività osservativa, lo facciamo esistere. ("O gran bontà dei cavalieri antichi", e del soggettivismo paranoico post-cartesiano!)

Il Regno è dato (e anche la Chiesa è data). Si tratta di accoglierlo, di entrarvi, di lasciarsene impregnare, prima di tutto a livello personale, nell'intimità piuttosto refrattaria del proprio essere di creature salvate ("in speranza"), per poi poterlo annunciare con la vita, con le parole e con le opere conseguenti.

Il Creatore dell'universo non ha, strettamente parlando, bisogno del nostro aiuto per realizzare il suo progetto di salvezza. Atlante che regge sulle sue possenti spalle il mondo non è propriamente un'icona del cristiano. Si parla di santità eroica, ma lo spirito dell'eroe pagano o romantico, lo spirito di Prometeo, non corrisponde alla santità cristiana. Pensiamo solo al povero Pietro, ai suoi slanci e alle energiche correzioni ricevute dal Maestro!..

Oserei perfino andare oltre: nei Vangeli non riesco proprio a trovare un espresso "mandato" ai cristiani per un "impegno politico" onde trasformare il mondo. E neppure è chiesto loro di arrovellarsi e agitarsi per scoprire come diventare "lievito", o salire sul monte a rischiarare la pianura sottostante. Il lievito e la luce non sono tali perché studiano come esserlo, così come il seme non si arrabatta nella terra per spinger fuori la spiga. Lievito, luce, seme i cristiani lo sono certamente nella misura dell'abbandono della loro vita nelle mani del Padre e del loro amore fraterno, fra loro prima di tutto, e poi verso ogni uomo.

Forse ci sono oggi in giro troppi salvatori, anche tra i cattolici, che, in linea di principio, dovrebbero sentirsi piuttosto dei salvati...

Tra gruppi e associazioni - specie in Italia, sarà un caso? – è un continuo agitarsi e discutere di come assumersi la responsabilità di trasformare il mondo nel Regno di Dio, passando per l'impegno socio-politico. Una corsa ai posti di prestigio e di comando, un mettersi in lista nelle competizioni elettorali per il potere (pardon, per il servizio...), magari un farsi incoronare ministri, "onorevoli", sottosegretari e via dicendo. Un buttarsi a capofitto nelle lotte per il potere, mutuando non di rado dal "mondo" comportamenti e metodi di lotta. Un correre alle docenze universitarie – raro che uno si accontenti di fare il povero *travet* sottopagato come educatore di adolescenti (l'antico disprezzato pedagogo…)- , ai primariati, agli scranni manageriali e nei media, insomma a tutto ciò che "conta".

Abitazioni, stipendi e tenore di vita sono spesso, ovviamente, adeguati al…"decoro" richiesto dalla funzione svolta.

E questo talora in nome di…san Francesco, che di farsi eleggere ministro o dignitario certo non risulta abbia mai pensato… Non sono altrettanto tenute in considerazione le vie umili e nascoste, la condivisione effettiva di una vita semplice e solidale, anche se poi tanti semplici cristiani le vivono sul serio.

E qui verrebbe da attribuire alla stessa teologia del laicato, declinata in senso elitario, una parte della responsabilità di questa tendenza, ultimamente paternalistica e…teocratica.

Si pensi, a conferma, all'interesse dei Gesuiti – solo in passato? – per il potere politico.

Il potere porta in sé, per essenza, quel tanto di coercitivo e di impositorio nei confronti degli altri che, a mio parere, dovrebbe rendere cauti i seguaci di Cristo, più vocati all'obbedienza che al comando. Tutto il contrario del rat-race attuale (e da noi anche molto antico…).Il cristiano mi sembra fatto più per accogliere la legge in spirito di libertà che per imporla agli altri, fosse pure a fin di bene…

Legiferare come cittadini e non come cristiani? Difficile separare le cose, per cui forse un po' di astinenza…Perlomeno suggerirei che ciò di cui soprattutto ci si interessa e di cui si parla fra cristiani non fosse l'ambito socio-politico; se no veramente si rischia di degradare il Vangelo ad un prontuario del buon vivere terreno.

"Il mio popolo è duro a convertirsi: chiamato a guardare in alto, nessuno sa sollevare lo sguardo" (Osea, 11,7). E' guardando in alto, molto in alto, che si migliora anche la vita quaggiù.

Vorremmo ancora citare, a proposito dei cristiani che spasimano per le cariche politiche e per i posti di potere, una raccomandazione di san Paolo forse un po' trascurata: "Non aspirate a cose troppo alte, piegatevi invece a quelle umili"[Mé ta ypselà fronùntes, allà tòis tapeinòis sunapagòmenoi] (Rm.12,16). La frase viene variamente tradotta. Oltre alla traduzione CEI, riportiamo qui la traduzione inglese per la Bibbia di Gerusalemme: "Pay not regard to social standing, but meet humble people on their own terms" e quella francese per la TOB: "N'ayez pas le gout des grandeurs, mais laissez-vous attirer par ce qui est humble".

Comunque si voglia intendere l'esortazione paolina, è certo che essa appare particolarmente calzante riguardo ad ogni corsa al prestigio e al potere.

E non basta uno scongiuro o qualche frettolosa auto-assoluzione per trasformare il potere in servizio…

Di fronte all'esortazione paolina, o, ben più ancora, dinnanzi alla suprema testimonianza del Cristo, che "spogliò se stesso, assumendo la condizione di servo" – con quel che segue – (Fil.2,7-8), qual è invece, spesso, la testimonianza dei cristiani immersi fino al collo nella lotta politica, come detentori di varie forme di potere, o semplicemente come tifosi di questo o quel partito, di questa o quella corrente, al punto da identificarsi più in base a questa appartenenza che al loro essere Chiesa di Cristo, anzi da subordinare in qualche modo questo a quella?

Ci si vuole e ci si definisce, per es., "cristiani di sinistra", rivendicando con ciò un'affinità profonda con tutti coloro che, nelle lotte politico-ideologiche dell'Otto/Novecento, hanno militato in quell'area, perseguendo – poco importa per quali vie e con quali mezzi – la costruzione di un mondo più "giusto", più "uguale", più "libero". Con ciò si propende, se proprio non lo si proclama apertamente, per una certa esclusione, per un potenziale anatema, nei confronti di tutti coloro, ivi compresi molti fratelli cristiani, che, per non poter condividere gli stessi orientamenti, non possono non essere, come già sosteneva il buon Paupert, "dalla parte sbagliata"

Loro, i "progressisti", i "resistenziali", che giudicano l'intero arco della storia umana in base alle categorie sovratemporali di "fascismo" e "antifascismo", "sanno" di essere nel giusto, anzi di essere i "giusti", gli unici interpreti accreditati della Parola di Dio.

La teologia della liberazione non è stata qualcosa del genere, ossia il tentativo – non scevro di violenza – di identificare il Vangelo con una promessa – molto più concreta e ravvicinata…- di liberazione e promozione sociale, di rivoluzione proletaria?

Oggi alcuni fra gli stessi banditori di questo vangelo "aggiornato" cominciano – onestamente - a riconoscere il loro abbaglio – si vedano le recenti dichiarazioni del teologo Gutierrez - , ma la hybris del voler essere i "veri" cristiani alligna ancora in nutrite schiere di credenti carichi d'indignazione e di fervore rivoluzionario.

Verrebbe quasi da pensare che i cristiani, depositari di un Verbo di salvezza eterna, siano non di rado i più esposti alle suggestioni di messaggi di salvezza transeunti, forse proprio perché questi sono a misura degli orizzonti temporali in cui gli uomini si trovano più a loro agio.

L' "oligopistìa" che alberga in tutti noi e di cui, come credenti, facciamo fatica a renderci conto, la scarsa fede in un Dio onnipotente, eterno e salvatore, fa sì che, un po' tutti, chi più chi meno, cerchiamo di conquistare qui ed ora, stabilmente, la "terra promessa", soprattutto in virtù delle nostre iniziative.

E a quel punto i nostri vangeli umani, che esprimono il nostro radicale desiderio di salvezza, mimano e oscurano il Vangelo di Cristo.

Ogni volta che questo avviene, il volontarismo, il protagonismo, il moralismo giudicante (ossia la risibile morale di chi ritiene se stesso "eletto" e gli altri dei reietti), prendono il sopravvento sull'umile affidamento a Dio, sulla preghiera, sull'offerta nascosta della propria vita per la salvezza del mondo, in unione col Cristo salvatore; è del tutto logico che la supponenza di chi si crede giusto produca più denunce,sdegni e anatemi che comprensione e misericordia verso tutti, nemici compresi.

Purtroppo l'impegno politico, con i suoi settarismi, offre ampio spazio a queste degenerazioni della carità cristiana.

In un mio vecchio libro, un lungo racconto dal titolo "Elia, il faro e la cometa", cercai di insinuare, tra il serio e il faceto, la "teoria del turacciolo".

La feci esporre dal protagonista del racconto, Elia, trovatosi improvvisamente sbalzato, da monaco qual era, a capo di un Paese in grave pericolo.

Il pover'uomo si vedeva sospinto, contro sua voglia, sulla cresta dell'onda in un mare in tempesta, come appunto sarebbe potuto accadere ad un turacciolo in balìa dei marosi.

Ma proprio per questo, lui che, anni prima, catturato e sedotto da un'ispirazione diabolica, aveva cercato il potere per impadronirsi del corso degli eventi e cambiare il mondo, si sentiva ora legittimato e sorretto a cercar di salvare il proprio Paese, in quanto questa volta non aveva cercato, ma era stato cercato.

Ai suoi occhi di credente, non era più lui a voler primeggiare e imporsi, ma era Dio che lo chiamava, suo malgrado, a quel compito. E così si assumeva docilmente il gravoso incarico, più docilmente dello stesso Giona, spedito contro ogni suo desiderio, da Jahvé in persona, a salvare Ninive.

La teoria/parabola, suggeritami anche da casi storici famosi, come l'elezione di Ambrogio a vescovo di Milano, o quella, sempre a furor di popolo, di Gregorio (Magno) a vescovo di Roma, aveva lo scopo di segnalare una certa avvertita incongruenza tra lo spirito cristiano di umiltà e di servizio e la corsa, senza dubbi e riserve, di molti cristiani oggi, specie nel nostro Paese, per farsi eleggere e arrivare al potere.

Le campagne elettorali comportano inevitabilmente, aldilà della formulazione di programmi spesso fumosi, una smisurata esibizione dei propri meriti e delle proprie virtù in vista di "intercettare", come si usa dire, i voti degli elettori.

Il linguaggio della pubblicità è, per sua stessa interna esigenza, un linguaggio iperbolico, che prevarica sulla realtà delle cose ed è perciò tendenzialmente menzognero; oggi contamina i giudizi su cose e persone, distorce le misure, esalta e occulta a seconda della convenienza, inquina la comunicazione.

E già questo proporsi attraverso il circuito mediatico-teatrale non sembra, almeno a chi scrive, del tutto in linea con l'umiltà e il nascondimento cristiano.

Più problematico ancora, poi, alla luce del Vangelo, questo rincorrere il potere, col quale organizzare e dirigere la vita degli altri. Si tratta, secondo noi, di quel dirigismo statalista, di quella pulsione coercitiva nei confronti degli altri, che, pur magari accondiscesa a fin di bene, o addirittura per dare una mano ad un precario Regno dei Cieli in costruzione, è assai più consona alla vecchia soluzione costantiniana che al rispetto evangelico per l'umana libertà di scelta.

Non è compito del cristiano impedire che gli altri sbaglino…e giustificare l'esercizio del potere impositivo con l'argomento che si è responsabili degli altri sa troppo, ormai, di vetero-paternalismo.

Non sarebbe preferibile che i cristiani, invece di ambire ai posti di potere, si dedicassero prioritariamente a vivere e a testimoniare la loro umile sequela di Cristo nell'ordinarietà dei rapporti quotidiani?

Perché si sa come poi vanno le cose: potere e preminenza comportano in genere un tenore di vita di…tutto rispetto, per non dire di privilegi spesso scandalosi, e alimentano – la carne è debole…- una sorta di diffusa arroganza in chi ne gode, tipica di chi sta al di sopra degli altri, magari in veste di benefattore.

E qui, se si guarda anche solo alla storia, o alla cronaca, recente del nostro Paese, non si può dire, purtroppo, che manchino cristiani di sinistra, di destra e di centro che danno scandalo nella loro quotidiana pratica di potere, del potere politico in particolare.

Pensiamo soltanto all'assunzione in toto, senza riserve, dei comportamenti e dei metodi propri di una lotta politica spesso degradata e invelenita. Trucchi e furbizie di ogni genere, aggressioni verbali, insulti, insinuazioni, accuse campate per aria, denigrazione e demonizzazione sistematica dell'avversario come nelle peggiori guerre di religione, correità nell'uso politico della giustizia ai fini di demolire comunque il concorrente al potere, faziosità e denunce da sicofanti, livori, rancori, disprezzo dell'antagonista, coltivati ed esibiti senza esitazione.

Chi scrive si è chiesto tante volte, e ancora continua a chiedersi con intima sofferenza, se questo "stile" non si risolva - ben aldilà dei possibili disordini sessuali che le parti in lotta grottescamente si rinfacciano - in una monumentale contro-testimonianza cristiana. E ne conclude che il cristiano affamato di politica, se proprio non può evitare di assimilarsi al "costume" imperante, farebbe meglio, per sé e per tutti, a imporsi un lungo e meditato digiuno.

Lo stile è l'uomo, e se l'uomo o la donna che si dicono cristiani assumono gli stessi criteri di giudizio e gli stessi comportamenti di chi non cerca di vivere conforme al Vangelo, negano alla radice l'amore di Dio e del prossimo, si fanno seminatori d'ingiustizia e di odio, di falsità e di prepotenza. Davvero un bel risultato in vista della "costruzione" del Regno dei Cieli.

Si obietterà facilmente che non si può fare di ogni erba un fascio e che, anche solo considerando la partecipazione dei cristiani alla vita politica e alla gestione del potere nei moderni sistemi democratici, l'apporto della loro attiva presenza non può essere considerato negativo sul piano delle conquiste sociali e civili, né, tanto meno, una contro-testimonianza per la loro vita di fede.

Non è stata proprio la loro presenza a consentire in diversi Paesi, e in particolare nel nostro, la difesa della libertà e della democrazia contro la tirannide di destra e di sinistra, ad attutire gli scontri sociali, a promuovere forme di vita più egualitarie, più giuste e pacifiche?

La stessa Costituzione italiana non porta i segni indelebili di una profonda riflessione fatta da cristiani impegnati in politica? Difficile, se non impossibile, prescindere da loro in una ricostruzione storica del cammino della nostra giovane democrazia. Chi, soprattutto a sinistra, tende ad attribuirsi ogni merito dell'emancipazione del popolo italiano dalla dittatura e da ogni genere di sopruso autoritario, farebbe bene a non dimenticare che cosa siano state, al confronto, le cosiddette "democrazie popolari" dell'Est europeo, o dell'Asia, o dell'America Latina, che pure furono additate a modello per lungo tempo dalla sinistra medesima.

Obiezioni accolte, almeno da parte nostra, che abbiamo vissuto in gioventù la grande stagione degasperiana, quando lo stesso faticoso emergere dalle rovine della guerra e la coscienza della serietà dell'ora favorivano forse una migliore qualità della classe politica.

Si dovrebbe al tempo stesso tener conto del fatto che, storicamente, il nostro Paese fu risparmiato dalla dittatura di stampo sovietico grazie alla sua inclusione nella sfera d'influenza occidentale e all'eredità di un pensiero e di una prassi liberale e democratica di origine risorgimentale; le tentazioni dirigistiche e illiberali erano presenti e rimasero attive comunque, sia quelle giacobine o nostalgiche del Ventennio fascista, sia quelle "cattolico-costantiniane", fra loro antagoniste, ma solidali nella richiesta di soluzioni autoritarie e stataliste.

La concezione elitaria di una società umana simile ad una giungla selvaggia che va continuamente guidata dall'alto da un consesso di illuminati è la versione antropocentrica della visione biblica di un'umanità corrotta dal peccato, sempre in procinto di convertirsi in una Babele, e guidata da Dio verso un rinnovamento radicale anche attraverso il potere da Lui conferito alle guide terrene. Platone la pensava già così; in fondo la sua posizione non è molto diversa da quella che si trova espressa nel libro della Sapienza, laddove, a proposito dei capi delle nazioni, si auspica che siano dei saggi: "L'abbondanza dei saggi è la salvezza del mondo;/ un re saggio è la salvezza di un popolo" (Sap. 6,25).

Solo che la "sapienza" di cui qui si parla è la sapienza che viene da Dio - le cui caratteristiche sono ampiamente illustrate nel primo e nel settimo capitolo del libro - assai poco conforme a quella che ispira molti capi-popolo. E questo è la conseguenza del fatto che, se l'antropocentrismo platonico era più apparente che reale, quello moderno, post-biblico e post-cristiano, lo è in tutta l'estensione del termine e spesso coloro che pervengono alla guida della società prescindono nella loro condotta da ogni riferimento a Dio.

E quando l'uomo sostituisce, più o meno consapevolmente, il proprio modo di pensare e di giudicare a quello di Dio, finisce per assolutizzarlo e diventa potenzialmente tiranno: vuole dirigere, comandare e non tollera di essere contraddetto. La politica, intesa come gestione del potere, è spesso il campo privilegiato di queste esibizioni dirigistiche e degli scontri generati da quest'ottica assolutistica.

Pur riconoscendo che, in particolari momenti storici, la presenza di cristiani di nome e di fatto nei posti del potere politico possa avere molto contribuito al bene comune, noi propendiamo a pensare che, nella maggior parte dei casi, essi possano e debbano testimoniare il loro vitale riferimento a Cristo senza passare per la gestione del potere.

Soprattutto al giorno d'oggi, allorché la politica, anche nelle democrazie, tende spesso ad usurpare, in una visione esclusivamente immanentistica, la soteriologia biblica e a inseguire un Regno dell'uomo che è la mìmesi del Regno dei Cieli.

Troppo forte per i cristiani al potere la tentazione di scambiare un Regno per l'altro e pensare che il secondo possa essere procurato coi metodi coercitivi del primo, limitando così la libertà di scelta e concorrendo ad eclissare nelle coscienze la signoria di Dio sul mondo, alla quale invece dovrebbero rendere testimonianza con la loro mitezza e il loro farsi piccoli e poveri.

"Se il Signore non costruisce la casa,/ invano vi faticano i costruttori. /Se il Signore non custodisce la città,/invano veglia il custode" (S.127,1).

Ritenere di poter edificare un mondo a misura delle più profonde attese di felicità dell'uomo con orientamenti e metodi condivisi con chi esclude una relazione primaria col Dio salvatore è illusione e si risolve in connivenza, assai più di quanto già lo fosse la compromissione col potere ai tempi dell'"economia" costantiniana.

Si trovi piuttosto il coraggio, perché i tempi, grazie al fermento evangelico, sono maturi, di riprendere le distanze dal potere politico - quelle distanze che furono tenute prima di tutto dal Cristo Signore - e di assumerne eventualmente il peso, in un'ottica di "martirio", solo nei casi previsti dalla parabola del turacciolo, ossia solo se chiamati in situazioni di emergenza, e non per frenesia di potere o per auto-elezione a profeti e salvatori.

Una volta che i cristiani, per una rinnovata fedeltà al Vangelo e una fede più viva nella promessa salvifica di Dio, avranno riposto le loro speranze più nella Sua onnipotenza che nel protagonismo umano, è da supporre che non saranno più attratti e assorbiti come oggi dalle suggestioni del potere e della politica "politicienne", e preferiranno servire Dio e il prossimo nell'immenso campo aperto all'amore dalle umili condizioni della vita quotidiana accanto alla gente comune.

Il cristiano che voglia vivere l'amore di Cristo ha la possibilità di farlo dalla mattina alla sera in famiglia, al lavoro, nella scuola, nella cultura, nella vicinanza a chi soffre, prima di tutto nella comunità cristiana stessa, portando pace e conforto, fede, speranza e forza di vivere.

Gli uomini hanno anzitutto bisogno che sia loro annunciato e fatto conoscere il Dio della vita, con discrezione e perseveranza, perché è questo il dono più grande che un cristiano può desiderare di fare al suo prossimo.

A chi dovesse obiettare che, con l'allentamento dell'impegno in politica, i cristiani lascerebbero la società in balìa di se stessa, rispondiamo in questo modo:

a) Meglio farsi carico della qualità della vita comune, fecondando in parole ed opere l'éthos, il costume e la mentalità, perché questo influisca a sua volta sul nòmos e sulla politica, piuttosto che seguire la via inversa;

b) Piuttosto che imporre leggi faticosamente concordate attraverso ambiguità e compromessi, meglio testimoniare con semplicità e senza arroganza la propria fede che ogni autentica morale e ogni autentica giustizia trova il suo fondamento e la sua fonte primaria nel Dio unico e vero.

Coloro che governano consentono, o magari addirittura promuovono, attraverso la legislazione, con il sostegno della maggioranza, comportamenti che il cristiano ritiene inaccettabili alla luce del Vangelo? Il suo compito sarà quello di non condividerli, di vivere come la Parola di Dio gli comanda, aldilà di ogni pressione o imposizione. Abbiamo visto più sopra, nel passo di Mt.10,14, che in certi casi, dopo aver annunciato questa Parola di salvezza, la testimonianza più coerente può essere quella di scuotere la polvere dai propri calzari: un gesto profetico di dissociazione per un estremo richiamo a ritrovare la via della vita. Dopo tutto, chi crede sa che la stessa salute della pòlis dipende assai più da Dio e dall'umile fedeltà di coloro che Egli ha posto come suoi testimoni, che dai maneggi e dalle intese di coloro che governano.

*****

Questa nostra meditazione, suggerita dalla ricorrenza costantiniana, è riuscita forse un po' arruffata, sia perché non svolta con continuità, ma ripresa in momenti diversi, sia perché è tipico, in genere, di ogni meditazione, riprendere temi già trattati e osservazioni già fatte, aggiungendovi di volta in volta qualche nuovo elemento in un moto, per così dire, a spirale.

Probabilmente non siamo neppure riusciti a chiarire e a completare il nostro pensiero come avremmo voluto; succede comunque abbastanza spesso quando qualcuno si propone di sottoporre a revisione le idee correnti.

Ce ne scusiamo con l'eventuale lettore e, a titolo di riparazione, aggiungiamo un breve...ricettario in sette punti, che gli consentirà di sintetizzare quanto ci eravamo proposti di suggerire.

A nostro avviso il cristiano di oggi, in particolare nel nostro Paese, dovrebbe:

1) pensare a Dio e al suo Regno prima che agli uomini e alla terra (cfr.Mt.6,33); solo così farà il bene degli uomini e della terra.

   Per duemila anni la mente e il cuore del cristiano è stata nutrita e ha cercato di nutrirsi del Mistero di Dio e della sua offerta di salvezza eterna; non crediamo che sostituire questo con riflessioni socio-politiche e sui "metodi" di evangelizzazione e acculturazione, nonché col parossismo presenzialista, possa costituire un progresso nella fedeltà a Dio e all'uomo;

2) dopo una certa sbornia, che, come tutte le sbornie, ha prodotto non poche scorie nocive, cercare di disintossicarsi, tenendosi il più possibile alla larga dal potere, come fece l'onnipotente suo Maestro e Signore; egli è chiamato più a servire che a comandare, a cercare Dio più che la propria affermazione o quella della sua parte (cfr.Lc.10,20);

3) non "amare posti d'onore, primi seggi e saluti nelle piazze" (cfr. Mt.23,5-7): accettarli solo se espressamente richiesto (teoria del turacciolo…), ricordando che dovrà rendere conto del proprio operato non tanto agli elettori quanto a Dio;

4) non barattare mai i comandamenti di Dio con i desiderata degli uomini, pur di riuscire loro accettabile e di incontrarli, per così dire, a metà strada. Il Figlio di Dio, il Mediatore tra Dio e l'uomo, ha praticato l'unica mediazione gradita a Dio: si è immolato per la salvezza del mondo, senza mai recedere dalla volontà del Padre.

5) in una società, qual è quella odierna, spesso contraddistinta da visioni del mondo diverse, quando non opposte, non illudersi di poter pervenire, attraverso "il dialogo e il confronto", ad un meta-vangelo inteso come prontuario etico da tutti condivisibile. Il primo tradimento sarebbe proprio la riduzione del Vangelo ad un messaggio etico per la migliore convivenza;

6) non confondere la verità e l'amore cui possono pervenire gli uomini nei loro limiti creaturali con la Verità e l'Amore che sono di Dio e che Egli solo può comunicare all'uomo che a Lui si affida;

7) quando la comunicazione con gli altri uomini sembra farsi impossibile, non disperare, né tanto meno condannare nessuno, ma offrire a Dio la propria sofferenza e la propria solitudine, restando fedele a Lui per la salvezza di tutti.

Non sta scritto che la Chiesa, l'assemblea dei "chiamati", debba espandersi e prosperare fino ai confini del mondo, progressivamente inglobandolo (l'era costantiniana ha fatto il suo tempo); può anche darsi che, in prossimità dell'Ultimo Giorno, si ritrovi rimpicciolita e indifesa come all'inizio del suo cammino storico; tanto non sarà lei, ma Dio, a instaurare i Cieli nuovi e la Terra nuova.

Notizie sull'autore.

Emilio Fermi è nato a San Pietro in Cerro (Piacenza) nel 1936. Ha insegnato Lettere per molti anni, in Italia e all'estero. Nel corso degli anni ha scritto romanzi, racconti, liriche, opere di teatro, privilegiando tematiche filosofico-religiose. Fra queste ricordiamo: *Elia, il faro e la cometa* (titolo della prima edizione: *Escaton*), *Giona profeta contro voglia*, *Nicodemo*, *Così tacque Zarathustra*. In seguito si è dedicato prevalentemente alla stesura di testi di riflessione critica, da una rilettura un po' sui generis del Vangelo di Marco (*Venuta sera*), a saggi di argomento biblico, di estetica, di filosofia della storia e di pedagogia, raccolti nel libro *Il Logos di Dio,* fino ai più recenti, relativi l'uno al rapporto tra scienza e fede (*Le Dieci Giornate*) e l'altro al rapporto tra i cristiani e la politica (*Costantino,i cristiani e la politica*), scritto nel 17° centenario del cosiddetto Editto di Costantino (313 d.C. – 2013 d.C.).
Ha un proprio sito Internet www.escaton.it finalizzato ad un dialogo diretto con i lettori.

www.ingramcontent.com/pod-product-compliance
Lightning Source LLC
Chambersburg PA
CBHW060500290526
45791CB00001B/197